Hanna Schott

W0083708

Matomora
Matomora

Die Deutsche Bibliothek verzeichnet diese Publikation in der
Deutschen Nationalbibliografie; detaillierte bibliografische
Daten sind im Internet über www.d-nb.de abrufbar

Lektorat: Lukas Baumann
Korrektorat: Andrea Seitz
Umschlaggestaltung: spoon design, Olaf Johannson
Umschlagbilder und Bilder im Innenteil (soweit nicht anders angegeben):
Privat; Dr. Fred Heimbach, Leichlingen; wortundtat, Essen
Satz: Neufeld Verlag
Herstellung: Westermann Druck Zwickau GmbH, Zwickau

© 2012 Neufeld Verlag Schwarzenfeld
ISBN 978-3-86256-033-2, Bestell-Nummer 590 033

www.neufeld-verlag.de / www.neufeld-verlag.ch

Folgen Sie dem Neufeld Verlag auch auf Facebook®
und in unserem Blog: www.neufeld-verlag.de/blog

NEUFELD VERLAG

Hanna Schott

Matomora Matomora

Der längste Umweg führt nach Hause

NEUFELD VERLAG

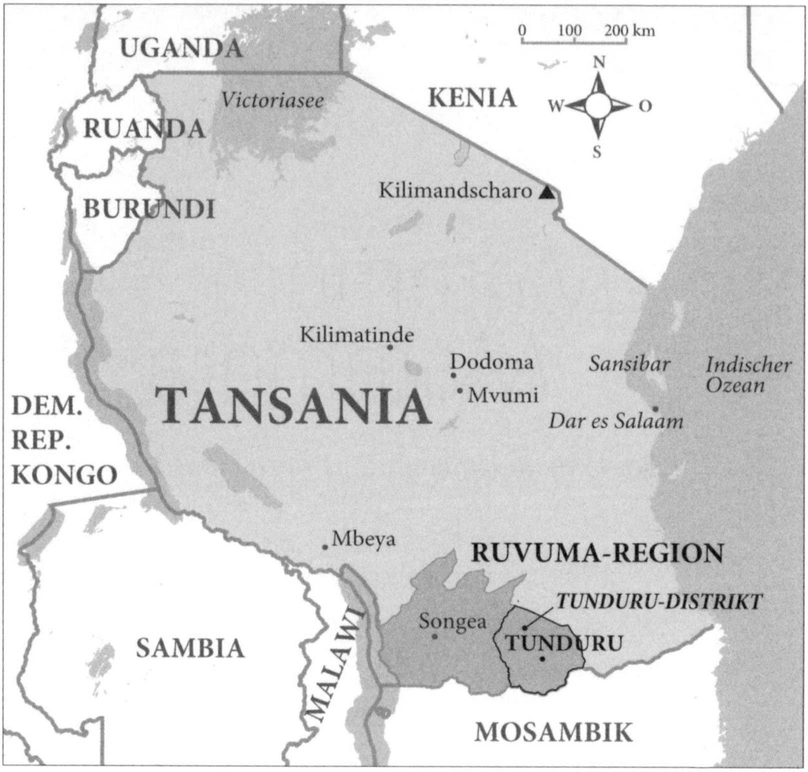

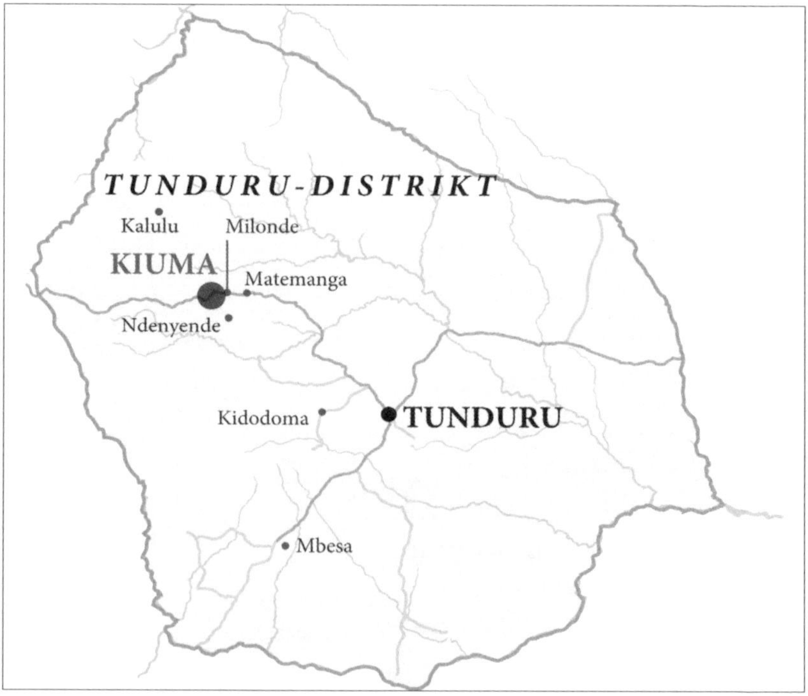

Obere Karte:

UGANDA

Victoriasee

KENIA

RUANDA

BURUNDI

Kilimandscharo ▲

0   100   200 km

N
W — O
S

Kilimatinde

Dodoma

Sansibar

Indischer
Ozean

TANSANIA

Mvumi

Dar es Salaam

DEM.
REP.
KONGO

Mbeya

RUVUMA-REGION

TUNDURU-DISTRIKT

SAMBIA

MALAWI

Songea

TUNDURU

MOSAMBIK

Untere Karte:

TUNDURU-DISTRIKT

Kalulu

Milonde

KIUMA

Matemanga

Ndenyende

Kidodoma

●TUNDURU

Mbesa

Karten: wortundtat

Inhalt

Vorwort

W ie alt muss man sein, damit man Gegenstand einer Biografie wird? Siebzig Jahre? Achtzig? Oder ist es vielleicht noch besser, man ist bereits verstorben, damit dem Biografen und den Lesern ein abschließendes Urteil möglich ist? Sonst passiert es womöglich, dass die letzten Jahre gar nicht zur eigenen Biografie »passen« ...

Jüngere Vorwortschreiber würden an diese Stelle ein Smiley setzen, aber ich bin Mitte achtzig, und das Buch, das meine eigene Lebensgeschichte erzählt, ist schon wieder ein paar Jahre alt. Es ist zu meinem achtzigsten Geburtstag erschienen. Da war mein Leben noch nicht abgeschlossen, aber es war doch ein guter Zeitpunkt, um dankbar und manchmal auch staunend zurückzublicken.

Das Leben von meinem Freund Dr. Matomora Matomora, dessen Geschichte im vorliegenden Buch erzählt wird, ist noch weniger abgeschlossen, schließlich ist er fast zwanzig Jahre jünger als ich. Dennoch gibt es viele Gründe zurückzublicken – und Grund genug zu staunen. Da ist ein junger Mann, der sehr früh ahnt, dass er zu einer besonderen Aufgabe berufen ist. Und dann beginnt doch ein verschlungener Weg voller Hindernisse und Umwege. Die Berufung scheint so klar, aber zu seinem eigentlich Beruf wird sie erst, als er fünfzig Jahre alt ist.

Seine Lebensaufgabe findet er zusammen mit einem Studienfreund aus längst vergangenen Tagen. Beide waren in jungen Jahren Utopisten. Als sie die eine große Aufgabe ihres Lebens in Angriff nehmen, sind sie das nicht mehr, aber sie haben dennoch eine Vision, sie folgen einem Ruf. Und die vielen Jahre, die scheinbar mit Umwegen vergangen sind, haben sie Geduld gelehrt. Ein großer Schatz angesichts der Aufgabe, der sie sich nun stellen.

Ich glaube an Gottes Führung. Und ich freue mich, dass ich in dem Leben, das hier erzählt wird, etwas dazu beitragen konnte, dass ein Mensch es gewagt hat, sich Gottes Führung anzuvertrauen. Mit KIUMA ist in Südtansania ein Ort der Hoffnung entstanden. Er ist alles andere als perfekt, und er leidet unter vielen Beschränkungen, die die Verhältnisse in Afrika seinen Bewohnern immer noch auferlegen. Als Arzt, der ich genau wie Matomora von meiner Ausbildung her bin, nehme ich ein Beispiel aus dem medizinischen Bereich: Die Weltgesundheitsorganisation (WHO) empfiehlt, dass sich je 20 Ärzte um 100 000 Einwohner kümmern sollten. In Tansania sind es gerade einmal zwei Ärzte für 100 000 Bürger. Aber im KIUMA-Krankenhaus arbeiten derzeit immerhin drei Ärzte. Das und vieles andere in KIUMA ist ein Segen für die ganze Region.

Ein Buch wie dieses kann eigentlich nie fertig sein. Die Wörter »fertig« und »Matomora« passen ohnehin nicht gut zusammen. Während ich dieses Vorwort schreibe, gibt es in KIUMA schon wieder neue Entwicklungen, und bis das Buch erscheint, wird sich, das ist sicher, auch wieder etwas Neues getan haben.

Als Vorsitzender von *wortundtat* lege ich dieses Buch dennoch mit Freude in die Hände aller, die sich gern lesend auf ein »fremdes« Schicksal einlassen. Aber was heißt schon »fremd«

in einer bis in den hintersten Winkel globalisierten Welt? Und gibt es überhaupt »Fremdes«, also Dinge, die mich nichts angehen, in der weltumspannenden Gemeinschaft der christlichen Kirche? Ich meine: nein. Und dass das so ist, empfinde ich nicht in erster Linie als Aufgabe oder gar als Last, sondern als eine große Freude, die meinen Lebensweg entscheidend geprägt hat, auch und gerade in all den Jahren, die ich Dr. Matomora begleiten durfte.

Dass Sie beim Lesen diese Freude entdecken, wünscht Ihnen

Heinz-Horst Deichmann

KAPITEL 1

Ein Januartag

Die Flughafentoilette war eng. Um sich hier umzuziehen, musste man wendig sein. Matomora war alles andere als dick, aber mit der Tasche vor dem Bauch konnte er sich kaum drehen. Zwei Paar lange Unterhosen waren darin und eine zusätzliche Stoffhose, eine besonders weite, die er gleich über beide Unterhosen streifen würde – und über die Hose, die er schon anhatte.

Er hängte die Tasche an die Türklinke und zog die Schuhe aus. Der Boden war warm. Noch einen kleinen Moment wollte er dieses Gefühl genießen, wenn schon nicht barfuß, dann wenigstens in Socken. Außerhalb des Flughafengebäudes, in Bengasi, waren es sicher dreißig Grad oder mehr. Auf unbestimmte Zeit war dies hier sein Abschied von der vertrauten Wärme. Bald würde er über dem Mittelmeer sein, und dann, in wenigen Stunden, würde sie ihm entgegenschlagen, die brutale Kälte, von der Frau Dr. Stein gesprochen hatte. Besser jetzt ein bisschen schwitzen, als gleich bei der Ankunft in Europa erfrieren.

Matomora nahm die leere Tasche und verließ die Zelle. Vierlagig gegen das feindliche Klima geschützt, ging er ein wenig breitbeiniger als zuvor auf das Gate zu. Mit seinen fast zwei Metern Körpergröße wirkte er von ferne wie ein junger schwarzer Seemann, der bereit war, allem zu trotzen, was ihm begegnen würde.

Dar es Salaam – Nairobi.
Nairobi – Entebbe.
Entebbe – Bengasi.
Bengasi – London.
London – Köln.

Wer 1966 von Tansania nach Deutschland reiste, war Tage und Nächte unterwegs, musste unzählige Male Pass und Visum vorzeigen, schlief auf dieser Bank eine Stunde und auf jener eine halbe. Und wenn er endlich am Ziel war, heilfroh und überglücklich, es trotz aller Hindernisse geschafft zu haben, dann hatte er eine Ahnung davon, wie unfassbar groß die Welt sein musste. Dass man dieselbe Welt schon wenige Jahrzehnte später als globales Dorf bezeichnen würde ... schlicht unvorstellbar.

Frau Dr. Stein hatte es gut gemeint, aber England lag auch in den sechziger Jahren schon am Golfstrom, und deshalb riss sich Matomora in einer Londoner Flughafentoilette endlich drei der vier Lagen wieder vom Leib. Bis hierhin hatte er es geschafft. Vielleicht war das mit der europäischen Kälte ja auch nur ein Märchen, mit dem man unerfahrenen Afrikanern Angst machen wollte.

Vielleicht aber auch nicht. Es war Januar, und die beiden Männer, die Matomora am Kölner Flughafen hinter der

6 000 Kilometer von zu Hause entfernt und voller Neugierde auf die fremde Welt – Matomora kurz nach seiner Ankunft in Deutschland

Absperrung entgegenkamen, waren tatsächlich frostsicher vermummt. Den einen hatte er erwartet, aber Matomora musste ein paar Mal hinschauen, bis er ihn unter dem Hut und hinter dem Schal erkannte: Madevu – der Bärtige. So hatten sie ihn jedenfalls in Tansania genannt.

»*Karibu*, mein Junge! – Willkommen!«

Ja, das war er. Seine Stimme, ganz wie in Tunduru. Matomora umarmte den Mantel, in dem der Freund stecken musste.

»Herzlich willkommen in Deutschland. Ich bin Lehrer in Wiedenest. Bei mir werden Sie Deutschunterricht haben.«

Der zweite Vermummte gab ihm eine kalte Hand, von der er zuvor eine dunkle Haut abgezogen hatte.

Vielleicht war es dieses Gefühl, das Frau Dr. Stein meinte?

In einem Auto, das viel kleiner war als alle Autos, die Matomora je gesehen hatte, ging es durch eine vollkommen weiße Welt. Hinaus aus Köln, immer tiefer hinein ins Bergische

Erstaunlich, wie klein und wenig stabil die deutschen Autos sind. In Afrika käme man mit ihnen nicht weit

Land. Was unter dem Weiß steckte? Schwer zu sagen. Fremde Häuser, fremde Bäume, natürlich, auch wenn man ihre Form und Farbe kaum ahnen konnte. Kein Mensch am Straßenrand, nur Blechschilder, die eine Schneemütze trugen.

»Da sind wir«, klang es aus dem Mantelkragen hinter dem Steuer. Das Auto stand. »Hier ist jetzt dein Zuhause.«

KAPITEL 2

Der kleine Herr

Wie kommt ein Mensch zu seinem Namen? Und welche Rolle spielt er in seinem Leben? »Das Kind bekommt einen Namen, der den Eltern gefällt, und muss dann ein Leben lang damit klarkommen«, heißt die europäische Antwort. »Der Name sagt etwas über die Person, seine Familie und Vorfahren und kann sich im Laufe des Lebens ändern«, ist die ganz andere, afrikanische Antwort. Um zu erfahren, wie es zum Namen Matomora K. S. Matomora kam, muss man in die Geschichte eintauchen – und ein einziges Kapitel wird zur Erklärung nicht reichen.

Wer gerne Fleisch aß, hatte früher zwei Möglichkeiten: entweder er züchtete Tiere, hegte und pflegte sie, um sie dann zu schlachten und zu essen. Oder er ging auf die Jagd. Daran hat sich in Tansania bis heute nichts geändert. Die dritte Möglichkeit – ein folienverpacktes oder gar tiefgefrorenes Etwas zu kaufen, das nicht verrät, was es früher einmal war – gibt es nicht. Der Name Matomora bedeutet in der Sprache der Ndendeule »erfolgreicher Jäger« und zeigt, für welche der Möglichkeiten sich die Volksgruppe entschieden hatte, zu der seine Familie gehört. Andere Völker, wie die Massai im Norden Tansanias, widmeten sich der mühsamen Viehzucht und aßen dann als Lohn ihrer Mühe ein Leben lang nur zwei Fleischsorten: meistens Ziege, selten Rind. Die Ndendeule und Yao im Süden des Landes, allesamt Jäger, aßen dagegen mal Antilope, mal Büffel, mal Warzenschwein. Dafür hatten sie keine Milch, aber das empfanden sie nicht als Mangel. Es gab hier keine Milchkühe, und wer trinkt schon gerne Ziegenmilch?

Matomora war der Großvater des Matomora, von dem dieses Buch erzählt. Aber der, der heute den »großen Jäger« gleich zweimal im Namen trägt, hieß nicht von Geburt an nach seinem Großvater. (Wer ist denn auch schon von Geburt an ein guter Jäger?) Erst als junger Mann nahm er diesen Namen an. Als er 1944 geboren wurde, hieß er Kibwana – kleiner Herr. Wenn man ihn von anderen kleinen Herren unterscheiden wollte, die von ihren Müttern auf dem Rücken zur Feldarbeit getragen wurden oder über den Dorfplatz rannten, dann nannte man ihn Kibwana Saidi: Kibwana, Sohn des Saidi. Ein verbindliches System von Vor- und Nachnamen gab es damals nicht; in Zweifelsfällen hängte man zur Klarstellung den Namen des Vaters an den ersten Namen an. Saidi, der Vater, hieß dementsprechend Saidi Matomora, nach seinem Vater, dem ersten Matomora der Familie. Bei Saidi trafen ein muslimischer Name und ein traditioneller afrikanischer Name zusammen. Und nicht nur in seinem Namen, auch in seinem Leben war die Begegnung des traditionellen Schwarzafrikas mit dem arabisch-muslimischen Afrika entscheidend. Als unternehmungslustiger und weltoffener Mann war Saidi nämlich in den zwanziger Jahren nach Sansibar gereist, die Insel im Nordosten Tansanias, auf der Schnittstelle zwischen afrikanischer und arabischer Welt. Elf Jahre hatte er dort gelebt und gearbeitet, die meiste Zeit als Laufbursche für alle möglichen Auftraggeber: Araber, Engländer und Afrikaner. Sansibar liegt im Indischen Ozean und ist über Jahrhunderte hauptsächlich durch arabische Völker geprägt worden. Die Insel vor der Ostküste des Kontinents wurde lange Zeit von Oman aus regiert und war ein wichtiger Handelsplatz, egal, ob es um Gewürze oder um Sklaven für die arabischen Höfe ging. Auf Sansibar war Saidi Matomora von einem religiös uninteressierten »Proforma-Muslim« zu einem engagierten Anhänger des Islam geworden. Schon seit seiner Beschneidung hatte er den Namen Saidi – der Glückliche – getragen, aber hier, im durchweg islamischen Umfeld, begann er, Arabisch zu lernen und sich mit den Wurzeln seines Glaubens und mit der Sprache des Korans zu befassen. Zurück in seiner alten Heimat, ganz im Süden, nahe der Grenze zu Mosambik, heiratete er dann, und zwar zweimal. Zwischen 1939 und 1953 bekam er mit den beiden Frauen sechs Kinder. Die dritte Ehe mit seiner Lieblingsfrau, die er 1958 heiratete, blieb kinderlos.

Der kleine (spätere) Matomora war der erste Sohn nach zwei Töchtern und erhielt als ganzer Stolz des in die alte Heimat Zurückgekehrten erst einmal den afrikanischen Namen Kibwana. Einen zweiten Namen, der mit seinem Glauben zu tun hatte, würde er erst bei der Beschneidung bekommen, genau wie sein Vater. Kibwana war schon elf Jahre alt, als sein Beschneidungsfest gefeiert wurde; fortan hieß er Mohamedi.

Die Sprache, die in der Familie der Kinder und Kindeskinder Matomoras gesprochen wurde, heißt Kindendeule. Sie ist bis heute ohne Schrift, ihre Grammatik wurde nie festgehalten, sie kennt keine Lesebücher, und ihr Name ist eines der wenigen Wörter, für das Google noch kein Suchergebnis liefert.

Kindendeule ist eine Sprache, die von so wenigen Menschen gesprochen wird, dass sie im toten Winkel der linguistischen Forschung blieb. Wer solch eine Sprache als Muttersprache hat, dem »reicht« sie nur solange, wie er sich in seiner unmittelbaren Umgebung bewegt, Alle, denen der Radius von vielleicht fünf oder sechs benachbarten Dörfern zu klein ist, müssen mindestens eine weitere Sprache lernen, oft auch zwei. Wenn ein Europäer mehrsprachig ist, vermerkt er das stolz im Lebenslauf, für die meisten Afrikaner ist es ganz normal. Auch Matomora wuchs mit mehreren Sprachen auf: Kindendeule ist seine Muttersprache, aber selbst im eigenen Dorf hatten manche Kinder eine andere Muttersprache. Die Mehrheit der Bevölkerung in dieser Region Tansanias sind nämlich Yao, und die sprechen Kiyao. Matomora lernte es quasi nebenbei. Die Sprache, die alle Tansanier verbindet, ist aber Kisuaheli, ursprünglich die Sprache der Suaheli, die an der Küste leben. Sie wurde im Laufe der Kolonialzeit zur Verkehrssprache des ganzen großen Landes, denn alles Neue kam von der Küste und drang von dort aus ins Landesinnere. Kisuaheli wurde in der Grundschule unterrichtet. Aber dann ging es in einer dritten, für Kinder wie Matomora vierten Sprache weiter – wenn man denn in der glücklichen Lage war, mehr als drei oder vier Jahre zur Schule zu gehen. An der weiterführenden Schule wurde nämlich Englisch gesprochen, schließlich war England die herrschende Kolonialmacht, und die sollte es, als Matomora 1944 geboren wurde, auch noch knapp zwanzig Jahre bleiben.

Die Welt ist groß und bunt. Das wussten die Menschen in Matomoras Dorf nicht, weil sie schon gereist wären und die Welt gesehen hätten, sondern weil die vielen verschiedenen Sprachen die große Welt in ihr kleines Dorf brachten. Die Ein-Zimmer-Dorfschule hieß zum Beispiel *shule*, ein Wort aus einer fünften Sprache. Vor den Engländern waren nämlich die

Deutschen als Kolonialherren im Land gewesen, und die hatten vor allem zwei Dinge hinterlassen: eine Bahnlinie im Norden und die Idealvorstellung, dass jeder Ort eine *shule* haben sollte.

Tansania war noch nicht Tansania, als Matomora geboren wurde. Es hieß Britisch-Tanganjika, seine Flagge zierte ein Giraffenkopf auf rotem Grund, und oben links war natürlich das britische Banner zu sehen. Den Namen des Landes hatten die Briten vom Tanganjikasee abgeleitet. Manche hätten das Land lieber gleich Victoria oder Windsorland genannt. Aber der britische Kolonialminister, der sich am Ende des Ersten Weltkriegs zusammen mit seinen Kollegen aus anderen Kolonialstaaten über die Afrikakarte beugte, mit spitzem Bleistift Grenzen zog und Namen festlegte, fand es schöner, wenn ein Ländername Lokalkolorit besaß. Ein kleines Trostpflaster für die Ostafrikaner, wenn man schon ihre Volksgruppen durch Staatsgrenzen trennte und sich auch nicht um Sprachgrenzen, Weidegründe oder andere Kleinigkeiten scherte.

Für einen Mann wie Matomoras Vater waren Staatsgebilde so oder so moderner Kram, der ihn nicht weiter kümmerte. Wofür brauchte der Mensch einen Staat? Wer eine Familie, ein Stück Land und ein gutes Verhältnis zu seinen Nachbarn hatte, dem konnte es doch egal sein, was die in Dar es Salaam oder gar in London dachten oder machten. Er, Saidi Matomora, war vor allen Dingen ein Ndendeule. Dieses kleine Volk lebte schon seit Menschengedenken zwischen den beiden großen Flüssen Rufiji und Ruvuma. Vor etwa hundert Jahren war aus dem Süden ein größeres Volk in dasselbe Gebiet gezogen: die Yao. Aber das Volk der Ndendeule hielt zusammen und behauptete sich als starke Minderheit. »Ndendeule« bedeutet schließlich: »Was können sie uns anhaben?« Eine stolze Frage, die Feinde und Neider herausforderte. Zu diesem Volk zu gehören, das stand in Saidis Augen an erster Stelle. Auch die Religion war natürlich wichtig, aber sie kam nach der Zugehörigkeit zu Volk und Familie, niemals davor.

Früher einmal hatten alle Ndendeule die Geister der Ahnen verehrt. Sie waren Animisten gewesen. Jetzt hatte nicht nur er, Saidi, erkannt, dass es nur einen Gott gab, Allah, den Erbarmer, den Einen. Aber deshalb blieb er doch ein Ndendeule, der seine Ahnen ehrte. Sein Vater hatte es erst nicht glauben wollen. Sein Sohn: ein überzeugter Muslim! Wo er, der alte Matomora, doch eine Art Priester war, ein Kundiger und Geheimnisträger ihrer Kihame-Religion, der Religion, die sie schon immer hatten, seit Generationen, so lange ein Mensch überhaupt zurückdenken konnte. Einmal im Jahr mussten alle Feuer im Dorf gelöscht werden, und dann entzündete er, Matomora, das Feuer neu. Ohne ihn wäre das Dorf ohne Feuer! Doch nun konnte er sein Wissen und die Zeichen seiner Macht und heilenden Kraft nicht an den Sohn weitergeben. Das war schmerzlich und machte ihm noch lange Zeit zu schaffen. Eine andere Linie der Familie musste das Amt übernehmen, weil Saidi nicht mehr in Frage kam. Und tatsächlich fand sich schließlich ein Neffe, der in die Aufgaben des Medizinmannes, Dorfältesten und Zauberers eingeweiht wurde.

Das Nachbarvolk der Yao hatte den alten Glauben schon vor Generationen aufgegeben. Als die arabischen Händler kamen, angelockt von der Aussicht, im Inneren des Landes Elfenbein und Sklaven zu finden, hatten sie sich klüger verhalten als alle anderen Völker: Sie hatten es nicht nur verstanden, den eigenen Kopf – buchstäblich – aus der Schlinge zu ziehen, sie hatten auch das Problem der Araber erkannt und ihre Hilfe angeboten. Die Araber konnten den Handel nämlich nicht allein bewältigen, sie suchten Verbündete, und die fanden sie unter den Yao.

Und eines Tages waren es gar nicht mehr die Araber selbst, die tief im Landesinneren Sklaven gefangen nahmen und in großen Karawanen bis zur Küste transportierten, es waren afrikanische Händler, die Stämme, mit denen sie ohnehin verfeindet waren, beraubten und so die kriegerische »Dienstleistung« für die Araber besorgten. An den Küstenorten Kilwa, Lindi und Mikindani – alle im heutigen Tansania gelegen – wurden die Sklaven gesammelt, an arabische Händler verkauft und dann nach Sansibar »verschifft«. Wer diese Reise überlebte, wurde Hausdiener auf der arabischen Halbinsel, im Osmanischen Reich, in Persien oder im muslimischen Teil Indiens. Verkauft wurden die Sklaven übrigens nicht gegen Geld, sondern gegen Kleidung, Schmuck, Haushaltswaren, Salz und vor allem gegen Gewehre und Pulver, die Ausstattung für neue Raubzüge.

Mitten durch das Gebiet der Yao zogen damals also die Trecks der Versklavten – und die erfolgreichen Händler bekehrten sich ohne große Umstände zur Religion ihrer »Arbeitgeber«, zum Islam. Aus Menschen, die von Ackerbau, Jagd und Fischfang gelebt hatten, wurden sie zu berühmten und berüchtigten Menschenhändlern, und eines Tages, im Jahr 1870, ernannten die Araber sogar einen Yao zum Sultan. Dieser führte in seiner neuen Rolle als Sultan Mataka Nyenje bin Matumla sogleich den Islam offiziell als Religion für das ganze Gebiet der Yao ein. Aus Menschen, die selbst in der Gefahr gestanden hatten, versklavt zu werden, waren zuerst unentbehrliche Mitarbeiter der Sklavenhändler und dann gute Muslime geworden. Eine nicht sehr schöne Geschichte, aber natürlich war, als Matomora ein Kind war, längst Elefantengras über die Einzelheiten gewachsen. Man sprach nicht mehr darüber. Der Süden des Landes war muslimisch. Punkt. Jeder Einzelne aber war erst einmal Yao. Oder Ndendeule. Der Islam war so etwas wie ein Mantel, den man übergezogen hatte, als man einen Mantel brauchte.

Unter diesem Mantel schlug das Herz nicht anders als zuvor. Warum sollte es auch? Die Sache mit dem Fleisch zum Beispiel sah man hier weniger streng als anderswo: dürfen Muslime denn Warzenschweine essen? – Ja, denn das Warzenschwein ist kein Schwein im Sinne des Koran. Jedenfalls nicht nach der Schriftauslegung südtansanischer Jäger, die nun mal gern Warzenschweinfleisch essen.

Als der kleine Matomora neun Jahre alt war, kam er in die Schule. Seine große Schwester war da elf und gerade verheiratet worden. Natürlich war sie auch vor ihrer Hochzeit nicht zur Schule gegangen. Das hätte sich ja gar nicht gelohnt.

Mit neun Jahren eingeschult zu werden, war auch für damalige Verhältnisse ein wenig spät, aber früher hatte man es nicht geschafft. Schließlich gab es sechzig Ziegen, für die Matomora zusammen mit seiner älteren Schwester zu sorgen hatte. Aber der Kleine war ein helles Köpfchen, und im großen Klassenraum saßen ohnehin siebzig Schüler, die den vier Grundschulklassen nur mehr oder minder klar zuzuordnen waren. Matomora machte die Schule Spaß, und alles, was es in Kalulu, seinem Dorf, zu lernen gab, hatte er nach zwei Jahren gelernt. Was jetzt? Aufs Feld und der Mutter helfen? Oder im Dorfladen neben dem Vater stehen und lernen, was man von ihm lernen konnte?

Saidi Matomora verkaufte Salz, Zucker, Mais, Öl und Kerosin, das man für Lampen brauchte. Aber er tat es nicht auf eigene Rechnung, er tat es im Auftrag von indischen Händlern. Wie überall im Land waren es häufiger Inder als Afrikaner, die die Ware beschafften und für ihren mühsamen Transport in jedes noch so abgelegene Dorf sorgten. Die meisten von ihnen waren im Gefolge der Briten als Gastarbeiter ins Land gekommen. In Indien waren die Briten schon länger als in Afrika,

Inder kannten sie, ihnen vertrauten sie eher als den Afrikanern. Nach einer ersten Zeit unter englischer Regie wurden viele Inder selbst unternehmerisch tätig. So auch Saidis Arbeitgeber. Viele Jahre lang lief der Laden erfreulich gut und Matomoras Familie musste sich keine Sorgen machen. Der kleine Matomora, der inzwischen elf Jahre alt und gar nicht mehr klein, sondern ein erstaunlich groß gewachsener Junge war, wurde als Arbeitskraft zu Hause nicht unbedingt gebraucht.

»Wenn du willst, kannst du ruhig noch ein paar Jahre zur Schule gehen. Wir kommen schon zurecht«, sagte sein Vater eines Tages.

Und ob er wollte!

Ende des Jahres 1955, kurz vor Beginn der Regenzeit, die das Reisen unmöglich machen würde, wechselte Matomora zur Mittelschule nach Mbesa, etwa 160 Kilometer von zu Hause entfernt. Ein Elfjähriger, der an einen Ort zog, den er zuvor noch nie gesehen hatte, um dort mit Kindern zu leben, die er nicht kannte und von denen manche eine andere Sprache sprachen als er, in einem Internat, dessen Regeln extrem streng waren und zur Not auch mit Gewalt durchgesetzt wurden. Seine Familie würde er fortan nur noch in den Ferien sehen. Und doch betrachtete er das alles nicht als Zumutung, schon gar nicht als Strafe, sondern als ein Privileg: er, Mohamedi, war kein kleiner Dorfjunge mehr, er war ein Mittelschüler, ein beschnittener, vollwertiger Muslim auf dem Weg zu Bildung und Ansehen!

KAPITEL 3

Primus

Mbesa war langweilig. Genauso langweilig wie Kalulu, eher noch ein bisschen langweiliger. Zu dieser frustrierenden Erkenntnis kam Matomora schon nach wenigen Wochen. Der Ort war zwar größer als das Heimatdorf, aber das Leben im Internat gehorchte viel strengeren Regeln als das Leben in der Familie. Wecken, Schlafsaal fegen, ein Marschlied singen und dabei in Zweierreihen zum Brunnen gehen, sich waschen, erste Unterrichtsstunden, süßer Maisbrei in der Pause, weitere Unterrichtsstunden, praktische Arbeit in Gruppen, Maisbrei mit Bohnen, Hausaufgaben, Schlafen. Wenn der Unterricht spannend gewesen wäre, hätte man das alles ja ertragen können. Aber das war er nicht. Der Drill war groß, die geistige Ausbeute gering. Matomora war unterfordert, aber dass jemand ausscherte oder gar so etwas wie eine individuelle Förderung bekam, war einfach undenkbar. Nicht nur die kurzen Khakihosen und weißen Hemden waren für alle gleich, auch Unterrichtsstoff, Tempo und pädagogischer Stil waren den Lehrern geradezu kasernenmäßig verordnet und duldeten keine Abweichungen.

Matomora war zwölf Jahre alt und ging seit einem Jahr auf die neue Schule, als sein Geduldsfaden auch schon riss. Im Frühstücks-Ugali, dem gesüßten Maisbrei, hatte er wieder einmal allerhand Lebendiges gefunden. Der Mais war von Ungeziefer befallen, und was da gekocht wurde, waren oft mehr Reste von Hülsen als Maismehl. Und offensichtlich waren auch die nicht lange genug gekocht worden.

Matomora setzte sich hin und schrieb seinem Vater einen Brief. »Hol mich hier raus! Ich will nicht in Mbesa bleiben. Es ist schrecklich in diesem Internat!«, war die kurze Botschaft, die er mit ein paar Beispielen dringlich machte. Viel Zeit für ausführliche Schilderungen blieb nicht, schließlich gab es für die Schüler kaum einen unbeobachteten Moment.

Auf eine Reaktion musste Matomora nicht lange warten. Allerdings reagierte nicht der Vater, sondern der Rektor der Schule. Zu einer Anstalt wie dieser gehörte natürlich auch die Zensur von Briefen. Das Schreiben des aufmüpfigen Schülers hatte das Schulgelände gar nicht erst verlassen, und die Strafe folgte auf dem Fuß: eine Schulversammlung wurde anberaumt, und Matomora musste sich vor aller Ohren anhören, wessen er sich schuldig gemacht hatte: er hatte Lügen verbreitet, und zwar über seinen Klassenlehrer, den Rektor, den Aufseher der Schulbehörde, den District Officer, die Kolonialregierung – ja, im tiefsten Grunde hatte er die Spitze des Staates angegriffen: die englische Königin!

Bei den ersten Sätzen des Rektors war Matomora erschrocken. Aber dass die Rede des Rektors mit grober Übertreibung und blankem Unsinn endete, das begriff auch ein Zwölfjähriger wie er. Und dass es wohl doch kein Hochverrat war, erkannte jeder an der Strafe: Matomora musste eine Woche lang die Affen vom Maisfeld vertreiben.

Einige Zeit später hatte der aufgeweckte Schüler eine weitere Erkenntnis: Weiße sind gar nicht weiß. Auf Englisch heißen sie nur so. In Wirklichkeit sind sie beige wie das Fell einer hellen Maus, manche auch eher rosa wie Mäusebabys, am Kopf und am Hals manchmal richtig rot. Ihre Hände haben innen und außen fast dieselbe Farbe. Das ist besonders seltsam.

Matomora war dreizehn Jahre alt und weiterhin Internatsschüler, als er das, was er über Wazungu, die Weißen, gehört hatte, zum ersten Mal mit eigenen Augen sah und auf seinen Wahrheitsgehalt prüfen konnte. Drei Männer gingen über den Platz zwischen dem Unterrichtsgebäude und dem Schlafsaal der Schule. Zusammen mit anderen Schülern stand Matomora am Rande des Platzes, leise kommentierten die Jungen, was sie sahen. Welche Sprache die drei Männer sprachen, konnten sie nicht ausmachen.

Am Abend dann eine Überraschung: die Weißen trugen ihr Gepäck in den Schlafsaal der Schüler. Nur zwei, drei Nächte sollten sie bleiben, dann würden sie im Ort ihr eigenes Quartier beziehen. Die drei waren gerade erst aus Europa angereist, hieß es: ein Engländer und zwei Deutsche. Offensichtlich sprachen sie außer Englisch und Deutsch auch Kisuaheli. Wo hatten sie das bloß gelernt?

Niemals hätte sich Matomora getraut, die Männer anzusprechen. Wie sollte er, einer von den vielen schwarzen Jungen hier, sich anmaßen, Fremden, die durch die halbe Welt gereist und sicher unglaublich reich waren, eine Frage zu stellen? So dreist war er nicht, auch wenn die Neugier ihn plagte.

»Die Weißen sind Missionare.« Das sprach sich auch so bald herum. »Christliche Missionare.«

»Und sie wollen in Mbesa bleiben.« Jeder hatte etwas gehört.

»Das glaube ich nicht. Sie werden bald wieder abreisen.«

»Warum glaubst du das?«

»Weil sie keine Frauen dabei haben. Wenn sie vorhätten dazubleiben, hätten sie doch ihre Frauen mitgebracht.«

»Vielleicht wollten sie erst mal schauen, wie es hier ist.«

»Dann werden sie also bald wieder abreisen.«

Alle grinsten. Traurig, aber wahr: die Gegend um Tunduru hatte schon innerhalb von Tansania einen schlechten Ruf. Das Ende der Welt. Warum sollten Leute, die sich doch mit dem Finger auf dem Globus irgendeinen schönen Ort aussuchen konnten, ausgerechnet hier wohnen wollen?

»Wir werden's ja erleben; ich wette, dass sie bald weg sind.«

Die Weißen blieben. Und bald schon tauchten auch weiße Frauen auf. Wie es mit den merkwürdigen Gästen weiterging, konnte Matomora allerdings nicht mehr verfolgen, denn er wechselte zur Mittelschule nach Tunduru, der Hauptstadt des Distrikts. Die lag zwar nur gute sechzig Kilometer von Mbesa entfernt, aber in einer Weltgegend ohne Telefon und Zeitung, von Internet und Handy einmal ganz abgesehen, spielte es eigentlich keine Rolle, ob man sechzig, hundert oder zwei-hundert Kilometer voneinander entfernt war – man war von den Menschen, mit denen man eben noch gelebt hatte, abge-schnitten und konzentrierte sich schon nach kurzer Zeit auf die neue kleine Welt, die sich unmittelbar um einen herum auftat. Sich als Schüler zu Hause melden, um kurz Bescheid zu sagen, dass es einem gut ging? Unmöglich! Wer im Internat war, von dem hörte das Dorf und hörten die Eltern erst wieder etwas, wenn sie ihn auch wieder sahen: in den Ferien. Und selbst dann tauchten Jungen wie Matomora, die schon alt genug waren, um etwas Geld zu verdienen, nur kurz zu Hause auf, schließlich mussten sie einen Ferienjob finden, und im Heimatdorf gab es meist nichts zu verdienen.

Im kolonialen Tanganjika zahlte man Schulgeld, und die Lebenshaltungskosten im Internat mussten ohnehin beglichen werden. Aber wer das große Privileg hatte, einen Vater zu haben, der einen zur Schule gehen ließ, und außerdem gesund und kräftig war, der konnte sich nun wirklich nicht beklagen, wenn er in der unterrichtsfreien Zeit dann doch mal mit der Kraft seiner Muskeln statt mit purer Geisteskraft tätig werden musste. Dabei konnte es auch in der Schule nicht schaden, wenn man eine eher robuste Natur hatte. Nicht nur das Heimweh wollte ertragen sein, Schläge gehörten zu den ganz normalen Disziplinarmaßnahmen. Matomora trafen sie selten, denn er war ein braver und tatsächlich am Stoff interessierter Schüler. Seine Intelligenz fiel auf – was ihn allerdings bei den Mitschülern nicht unbedingt beliebt machte. Sie hänselten den »Schlaumeier« und machten sich einen Scherz daraus, ihn zu piesacken. Doch Matomora lernte, sich darüber hinwegzusetzen, und entwarf still einen Plan: Nach dem Abschluss der Mittelschule in Tunduru wollte er nicht nach Hause zurück, sondern nur noch weiter weg und noch höher hinaus: in die Oberschule nach Songea. Nicht dass er dort schon einmal gewesen wäre oder dass er allzu genau gewusst hätte, was ihn dort erwartete. Aber Songea, das klang nach Stadt, nach Leben, nach Bildung. Auch etwas nach Abenteuer, schließlich war Songea ein Zentrum des Maji-Maji-Krieges gewesen. Anfang des Jahrhunderts hatten sich dort über zwanzig verschiedene Völker gegen die Deutschen verbündet. Sie hatten auf einen Wasserzauber gesetzt und verloren – das war leider wahr. Doch von ihrem Mut und von ihrer gewitzten Guerillataktik sprachen die Alten immer noch.

1959 erlebte der Tunduru-Distrikt eine bildungspolitische Premiere: Achtzehn Schüler stellten sich der Aufnahmeprüfung

Das erste Foto, das es von Matomora gibt. Er ist zirka fünfzehn Jahre alt

für die Oberschule in Songea. Noch nie hatten es die »Landkinder« auch nur versucht, bis auf die entfernte Regierungsschule zu gelangen. Fünf Schüler bestanden die Prüfung, zwei wurden tatsächlich aufgenommen. Matomora war einer der beiden.

Saidi Matomora, sein Vater, machte aus seinem Stolz keinen Hehl. Sein Sohn, der Erstgeborene, würde eines Tages Lehrer oder Arzt sein! Denn eins von beidem würde er werden, nun, da er in diese Sphären aufstieg. Was für eine Perspektive: ein Lehrer oder Arzt in ihrer Familie, in ihrem Dorf!

Auf dem Weg dorthin durfte man nicht knauserig sein. Ein Sack Mais kostete zehn Schilling, ein Jahr Schulbesuch 220 Schilling, also 22 Säcke. Ein durchschnittlich erfolgreicher Bauer erntete etwa drei Säcke im Jahr, aber er, der Händler, setzte täglich mehr als zweihundert Säcke im Laden um. Er konnte sich den Schulbesuch seines vielversprechenden Sohnes also durchaus leisten. Und doch fand er noch einen günstigeren Weg: im Auftrag der Kolonialregierung reiste gerade ein

Engländer über die Dörfer. Er sollte herausfinden, in welchen Familien es begabte, förderungswürdige Schüler gab, deren Eltern sich den Schulbesuch ihrer Kinder jedoch nicht leisten konnten. Ihnen durfte er ein Stipendium oder zumindest eine finanzielle Unterstützung anbieten. Anders als erwartet, stellte sich das Verteilen der großzügigen Förderung allerdings als schwierig heraus.

»Geschenktes Geld? Unserer Familie braucht niemand Geld zu schenken. Uns geht es gut. Wir haben alles, was wir brauchen, schließlich bestelle ich meinen Acker und habe ein paar Ziegen.«

Die Bauern wollten vor dem Mzungu, dem Weißen, gut dastehen und taten alles, um ihre Lage in ein günstiges Licht zu rücken, so elend sie in Wirklichkeit auch sein mochte. Was sie dem Fremden gegenüber empfanden, war eine Mischung aus Angst und Ehrfurcht. »Vielen Dank, aber mein Sohn kommt schon klar. Vielleicht kann ein anderer Ihre Hilfe gebrauchen.«

Der arme Engländer verabschiedete sich also und ging weiter, aber auch der Familie in der nächsten Hütte war sein Besuch offensichtlich unangenehm. Einen Tag lang zog er frustriert durch das Dorf – bis er vor Saidi Matomoras Hütte trat. »Ich bin ein armer Bauer und habe sieben Kinder«, log der. Wofür hatte er auf Sansibar den Umgang mit Weißen gelernt? Es gab Menschen, die wollten einfach betrogen werden. »Mein Sohn könnte auf die Oberschule gehen, er ist ein wirklich kluger Kopf. Aber schauen Sie sich um: Wie soll jemand aus unserem Dorf es bis nach Songea schaffen?«

War dieser Mann tatsächlich ein Habenichts? Der Engländer blickte sich kritisch um. Zwischen dieser und der nächsten Hütte, die vermutlich auch noch der Familie gehörte, wuselten allerhand größere und kleinere Kinder herum; wie sollte er prüfen, wer hier zu wem gehörte und in welchen Verhältnissen lebte? Schließlich ließ er sich auf einen Kompromiss ein: den Habenichts ließ er dem beredten Vater nicht durchgehen, aber einen Teilsieg gönnte er ihm: von den 220 Schillingen jährliches Schulgeld für seinen besonders begabten Sohn erließ er ihm 140. Nur die restlichen 80 Schillinge würde er zahlen müssen.

Wie gut, dass ich Händler geworden bin, dachte Saidi Matomora, als der Fremde das Dorf verließ.

Matomoras neuer Lebensabschnitt begann mit einer Schuluntersuchung, wie man sie in Europa von der ersten Einschulung kennt. Es war keine besonders gründliche medizinische Untersuchung, aber doch eine, die bei dem angehenden Schüler der gymnasialen Oberstufe einen bleibenden Eindruck hinterließ. Bei dieser Untersuchung sah Matomora nämlich zum ersten Mal im Leben mit eigenen Augen einen Arzt, genauer: einen schwarzen Arzt, Dr. John Omari, dessen Namen er nie vergessen würde. Es ging also wirklich zusammen: schwarz sein und Arzt sein. Wenn das möglich war – warum sollte er, Matomora, es nicht schaffen?

Fortan hatte er ein Ziel vor Augen, das noch weiter wies als Songea. Dabei konnte er sich selbst Songea nicht vorstellen: einen Ort, in dem zigtausend Menschen lebten und der täglich wuchs – wie sollte man dort leben, ohne sich zu verlaufen und zu verlieren? Egal. Alles, was jetzt kommen würde, konnte weder er noch irgendjemand aus seiner Familie oder aus seinem Dorf sich vorstellen. So war es jetzt, und so würde es bleiben. Entschlossen packte Matomora sein Bündel und bestieg den Bus.

KAPITEL 4

Was wollen die Weißen?

Für Deutsche ist 1961 das Jahr des Mauerbaus. Für US-Amerikaner das Jahr, in dem John F. Kennedy Präsident wurde. Für Russen blieb in Erinnerung, dass Juri Gagarin 1961 als erster Mensch den Weltraum bereiste. Für Tansanier ist 1961 das Jahr, in dem ihr Land unabhängig wurde. Für Matomora war es dennoch mehr als alles andere das Jahr, in dem er seinen Großvater rettete und dabei die seltsamen Weißen aus Mbesa wieder traf.

Tansania liegt nur wenig südlich des Äquators, und deshalb sind die Sommerferien die Ferien, in denen es angenehm kühl ist und man sich am besten erholen kann – ganz im Gegensatz zu den Weihnachtsferien, mit denen bei Staub und Hitze das alte Schuljahr endet, bevor im Januar, meist mit Beginn der Regenzeit, das neue Schuljahr beginnt. Als Matomora am ersten Ferientag im Sommer 1961 nach einer langen nächtlichen Busfahrt gegen Morgen Kalulu, sein Heimatdorf, erreichte, sein Bündel nahm und erleichtert aus dem Bus stieg, kam ihm einer seiner jüngeren Halbbrüder entgegengelaufen:

»Geh nicht nach Hause! Hol lieber gleich Hilfe. Wir brauchen dich. Jetzt, sofort, du kannst doch Englisch.«

Matomora verstand kein Wort und wollte schon weitergehen. Aber der Kleine stellte sich ihm so breitbeinig, wie es nur ging, in den Weg. »Vater sagt, wir sollen uns von Großvaters Hütte fernhalten. Der schreit so schrecklich laut, das hält kein Mensch aus.«

Großvater? Der war in den letzten Ferien doch noch frisch und munter gewesen. Nicht der alte Matomora, der erfolgreiche Jäger. Der lebte schon lange nicht mehr. Großmutter hatte nach seinem Tod noch einmal geheiratet – oder müsste es heißen: sie *wurde* noch einmal verheiratet? Auf jeden Fall war der Großvater, der jetzt offensichtlich schwer krank war, nicht Matomoras biologischer Großvater. Aber er war doch derjenige, der in seiner Kindheit die wichtige Rolle des alten Mannes und Oberhauptes der Familie eingenommen hatte.

»Ich bin doch kein Baby, lass mich durch!«

Matomora machte am Bruder vorbei ein paar Schritte auf sein Zuhause zu, da kam ihm auch schon sein Vater entgegen.

»Kibwana, es ist irgendwas mit Großvaters Bauch, da kommt was raus, die Eingeweide oder ich weiß nicht was. Es muss höllisch wehtun. Renn nach Matemanga, da ist ein Mzungu, der kann helfen. Bestimmt versteht er Englisch. Aber schnell!«

Der Wortschwall des Vaters ersetzte die Begrüßung nach fünf Monaten der Trennung von Vater und Sohn. Matomora drückte sein Bündel dem kleinen Bruder in die Hand und machte sich auf den Weg. Fünfzehn Meilen, 25 Kilometer. Wie gut, dass es noch Morgen war, außerdem Sommer und nicht so schrecklich heiß wie bei seinem letzten Besuch in Kalulu.

»Beeil dich! Das ist so schlimm wie ein Schlangenbiss; es kommt auf jede Stunde an!«, hatte ihm der Vater noch nachgerufen.

Matomora sputete sich, und in Matemanga war der Mzungu schnell ausfindig gemacht. Arno Wobig hieß der »bunte Hund«, der seit ein paar Monaten im Dorf wohnte. Er sprach bereits ganz passabel Kisuaheli, das heißt, eigentlich sprach er am liebsten weder Deutsch noch Englisch noch Kisuaheli, denn er war ein zugeknöpfter Mensch, der lieber seine Hände als seinen Mund benutzte. Wobig erfasste die Situation sofort, startete den Landrover, bat Matomora einzusteigen und brauste los. In Kalulu wickelte er den schreienden und sich windenden Großvater in eine Decke, hievte ihn mit Matomoras Hilfe auf die Rückbank des Landrovers und brauste wieder los, diesmal in Richtung Mbesa. Ein junger Mann aus der weiteren Familie konnte gerade noch rechtzeitig ins Auto springen, um dem Kranken auf der mehr als zweistündigen Fahrt Beistand zu leisten. Dort, wo Matomora etwa vier Jahre zuvor die ersten Weißen gesehen hatte, war von genau diesen Männern inzwischen eine einfache Krankenstation errichtet worden: zwei Räume mit vier Betten für Frauen und vier Betten für Männer, dazu eine Veranda, die als Ambulanz diente – das alles zwar ohne Strom und fließendes Wasser, aber immerhin mit einem häufig genutzten OP. In den brachte man den Großvater, und Dr. Stein, im Gegensatz zu Wobig ein »echter« Arzt und sogar ein ausgebildeter Chirurg, warf im Schein der großen Taschenlampe einen Blick auf den Großvater. Er betrachtete kurz seinen Bauch, fühlte seine heiße Stirn, sah in seine roten Augen – und begann sofort mit der Operation. Etwa zwei Wochen später fuhr ein Fahrer den vollkommen genesenen Großvater, jetzt auf der Rückbank sitzend statt liegend, wieder nach Kalulu. Ein Bruch mit einer strangulierten Harnröhre hätte den alten Mann ohne einen Eingriff wohl kaum noch zwei Tage überleben lassen.

Die Freude im Dorf war groß – und das Erstaunen noch größer, als der Fahrer es ablehnte, für den eigenen Einsatz und den des »Daktaris« Geld zu nehmen. Nichts wollte er annehmen, selbst das wiederholte Händeschütteln schien er eher unwillig über sich ergehen zu lassen. Er gab sich Mühe, nicht grob unhöflich zu wirken, aber er machte sich doch los, sobald es möglich war, sprang in den Wagen und verschwand.

Was blieb, war ein erstauntes Rätselraten, das die Dorfbewohner noch lange Zeit beschäftigte: warum nur waren diese Männer in ihre Gegend gekommen? Was hielt sie davon ab, Geld zu verdienen, wo sich doch die Gelegenheit bot? Welchen Hintergedanken hatten sie bei dem, was sie taten?

Matomora hatte die Heimkehr des Großvaters verpasst, weil er die Ferien nutzen musste, um einige Meilen entfernt in einem anderen Dorf mit einem Ferienjob zu seinem Schulgeld beizutragen. Doch er rätselte genau wie alle anderen, nur dass er, der Weitgereiste, nicht beim ungläubigen Staunen bleiben wollte. Matomora nahm sich vor, der Sache auf den Grund zu gehen. Er würde fortan die Nähe der Weißen suchen und ihre Motive ergründen.

Doch so bald bot sich keine Gelegenheit. Im Gegenteil: gegen Ende des Jahres sah es so aus, als würden alle Weißen das Land verlassen. Am 12. Dezember 1961, kurz vor dem Ende des Schuljahres, wurde Tansania unabhängig. Schon im Mai hatte Tanganjika eine Verfassung bekommen, Nyerere, ein Sozialist und Katholik, der in England studiert hatte, wurde erster Premierminister, aber erst im Dezember erlangte das Land die volle Unabhängigkeit. Aus der Verschmelzung der Worte Tanganjika, Sansibar und der historischen Bezeichnung Asania für diesen Teil Ostafrikas wurde das neue Wort Tansania zur Bezeichnung einer freien Nation gebildet. Am großen Tag stand Matomora auf einem Platz in Tunduru und lauschte einem Mann, der ein Gedicht vortrug. Das war es auch schon. Nicht einmal eine Fahne wehte, denn die Flagge des neuen Staates musste erst noch entworfen werden. Einen Staatsakt hatte sich Matomora anders vorgestellt, aber ihn bewegte ohnehin vor allem ein Gedanke: würden die Engländer und die anderen Weißen jetzt verschwinden? Würden sie bleiben? Oder würden manche gehen und andere bleiben?

Ende Januar begann das neue Schuljahr. Und siehe da: in Songea fanden sich alle Lehrer ein, als wäre nichts geschehen: schwarze und weiße, Tansanier und Engländer, genauso wie einige wenige Amerikaner, die zum Lehrerkollegium gehörten. Matomora war erleichtert; die Spur der Weißen, auch der Deutschen, würde sich also vermutlich nicht so leicht verlieren. In Tansania schien ein sanfter Übergang in die neue Zeit zu gelingen.

Noch eine zweite Überraschung erwartete die Schüler an diesem Januartag: die neue Regierung erließ allen das Schulgeld. Der Zugang zu Bildung sollte jedem Kind unabhängig von den finanziellen Möglichkeiten der Eltern offenstehen – ein hehrer Grundsatz, der sich jedoch nicht lange durchhalten ließ. Eines Tages war einfach kein Geld für Lehrer, Gebäude und Internate mehr da, und die Eltern wurden wieder zur Kasse gebeten – doch da war Matomoras Schulzeit schon vorbei.

Gern wäre Matomora ja seiner Neugier, was die Motive der Deutschen anging, schon eher nachgegangen, aber erst in den folgenden Sommerferien bot sich dazu die Gelegenheit. Wieder einmal brauchte er einen Ferienjob (die gute Angewohnheit, in den schulfreien Wochen Geld zu verdienen, sollte er, so fand sein Vater, doch bitte beibehalten), und diesmal suchte er ihn gezielt in Tunduru, wo die Weißen inzwischen die Aufgabe übernommen hatten, das kleine, marode Krankenhaus auf Vordermann zu bringen – mit einem einzigen Arzt. Weil dieser Ort gut sechzig Kilometer von seinem Heimatdorf entfernt lag, musste Matomora eine Unterkunft finden. Und er fand sie wieder bei einem jungen Mann, bei dem er schon zweimal zuvor gewohnt hatte: Ali Saidi Ligombaji. Nur dass dieser plötzlich nicht mehr Ali Saidi, sondern Imanueli hieß. Als Ali Saidi war er *market clerk* gewesen, eine Art Steuereintreiber, der auf dem Marktplatz die angebotene Ware wog und vom Anbieter eine entsprechende Steuer einnahm. Zwei Sommer lang hatte Matomora ihn für jeweils sechs Wochen vertreten. Der Job war sehr begehrt und eine Art Auszeichnung, die er seinen guten Schulnoten verdankte. Im Dezember dann hatte sich jeweils ein zweiter Job angeschlossen: Zusammen mit einem *messenger*, der den eisernen Tresor trug, zog Matomora, den Tresorschlüssel in der Hosentasche, über die Dörfer, um bei den Bauern Steuern zu kassieren.

Nun also, im Sommer 1962, stand er dem alten Bekannten, aber neubekehrten Imanueli gegenüber, einem der ersten getauften Christen im Tunduru-Distrikt. Und einen neuen Job hatte der auch: statt *market clerk* war er nun *facility manager* – Mädchen für alles auf dem Gelände der Weißen. Die Ankunft der Deutschen hatte Imanuelis Leben völlig umgekrempelt, merkte Matomora. Kaum hatte er seine Matte in Imanuelis kleinem Haus ausgebreitet, da erzählte der ihm schon begeistert von allem, was er im letzten Jahr erlebt hatte. Gleich bei der ersten Begegnung war es nicht nur der selbstlose Einsatz der weißen Männer für die ihnen völlig fremden, kranken Menschen gewesen, der Imanueli beeindruckt hatte, er verstand auch schnell, dass es ein anderer Glaube war, der hinter ihrem Engagement stand.

An die Weißen heranschleichen brauchte Matomora sich jetzt wohl nicht mehr. Imanueli wurde für seinen jungen Untermieter in diesem Sommer zu einem Türöffner in eine neue Welt. Jeden Morgen ging Imanueli zur Morgenandacht der Missionare zu deren Haus hinüber. Die Brüder (so nannten sie sich) sangen und beteten auf Kisuaheli, so dass er der Andacht folgen konnte. Auch die Bibel wurde auf Kisuaheli gelesen.

»Komm einfach mit«, sagte Imanueli zu seinem Gast, »am Sonntag kannst du dann sogar einen ganzen Gottesdienst erleben. Oder traust du dich nicht?«

»Doch, doch. Warum sollte ich mich nicht trauen?«, antwortete Matomora, auch wenn ihm nicht allzu klar war, was dieses »Gottesdienst« wohl bedeutete. Er lachte. Sah er etwa aus wie ein Angsthase?

Neugier und Vorfreude wuchsen auf der Stelle. So schnell also würde er die Missionare aus nächster Nähe erleben.

KAPITEL 5

Forschungen

W er Ulrich heißt, muss damit leben, dass ihn kaum jemand bei seinem richtigen Namen nennt. Was schon für deutsche Zungen schwer auszusprechen ist, hat in Afrika keinerlei Chance. Der erste weiße Missionar, den Matomora in Tunduru kennenlernte, hieß ganz einfach Madevu – »großer Bart« –, denn den Namen Ulrich Bockemühl konnte sich nun wirklich niemand merken. Madevu besaß tatsächlich einen beeindruckend schwarzen und gelockten Bart, außerdem war er auffällig groß und schlank – ganz wie Matomora, dem dieser Mann denn auch sofort sympathisch war.

An dem Tag, als Matomora Madevu zum ersten Mal sah, konnte er die wahre Größe des Weißen allerdings nur ahnen, denn er stand nicht, sondern saß – und zwar in einem Auto. Es war ein VW-Bus, der auch als Rettungswagen diente, und als Madevu in ihm auf der holperigen »Hauptstraße« vorbeifuhr, sagten die Leute am Straßenrand mit großen Augen: »*Das* ist Madevu!« Ein Satz, an dessen Tonfall sich Matomora heute noch erinnert. Diesen Mann also galt es kennenzulernen.

Madevu war im Sommer 1962 nicht nur ein vielbeschäftigter *medical assistant*, eine Art Beinahe-Arzt im ursprünglich staatlichen Krankenhaus von Tunduru, er stand auch kurz davor zu heiraten und war an diesem Tag in Sachen Hochzeitsvorbereitungen unterwegs. Seine Braut kam wie er aus Deutschland, war ebenfalls gertenschlank und fast auf den Zentimeter gleich groß wie der Bräutigam. Sicher war das auch im fernen Deutschland eine Seltenheit; irgendjemand musste da Regie geführt haben.

Da war sie also, eine weitere Bestätigung dafür, dass die Weißen wirklich bleiben wollten: einer von ihnen kehrte nicht nach Hause zurück, um zu heiraten. Er holte seine Frau aus der Ferne hierher und bezog mit ihr ein kleines eigenes Haus. Schon als Schüler der Mittelschule in Mbesa hatte Matomora sich ja Gedanken über die seltsame Ortswahl dieser Männer gemacht. Jetzt war er Gymnasiast, und was er im Geschichtsunterricht gelernt hatte, ließ die Dinge, die er in Tunduru beobachtete, noch einmal in einem anderen Licht erscheinen. Damals, zu der Zeit, als die Yao sich als Sklavenhändler reich und bei den Fremden beliebt gemacht hatten, geriet dieser Teil Afrikas unter portugiesischen Einfluss. Der Süden Tanganjikas grenzte an Mosambik, und das wurde von Portugal aus regiert und ausgebeutet. Im Gefolge der europäischen Kolonialherren kamen auch die ersten christlichen Missionare nach Ostafrika. Aber das, was sie hier wollten, wich in einem entscheidenden Punkt von dem ab, was ihre Krone wollte: zwar ging es ihnen in erster Linie darum, den christlichen Glauben zu verbreiten, ihr zweites erklärtes Ziel war es jedoch, den Sklavenhandel abzuschaffen. Nun war es aber genau der Menschenhandel, der die Yao reich und in der Region zu einer geachteten Größe gemacht hatte. Es war also nur logisch, dass die Yao die Missionare als Störenfriede betrachteten und ihnen den Zutritt zu ihrem Gebiet verweigerten. Als es zwei portugiesische Missionare mit ihren sechzig Trägern im Jahr 1882 dennoch versuchten, wurde die gesamte Gruppe ermordet. Genauso erging es einer anderen Gruppe von Missionaren in nördlicheren Gebieten – diesmal waren es Benediktinermönche. Die Abschreckung tat ihre Wirkung: das Gebiet der Yao blieb für mehr als siebzig Jahre frei von christlichen Einflüssen. Im Norden und Westen des heutigen Tansanias breitete sich das Christentum dagegen rasch aus. Und da christliche Missionare nicht nur kommen, predigen, taufen und Kirchen bauen, sondern nicht zuletzt (wenn nicht zuerst) Schulen und Krankenhäuser einrichten, kam auch Letzteres nur den Gebieten zugute, die sich dem Einfluss der christlichen Mission geöffnet hatten. Der Süden blieb muslimisch, der Osten blieb »heidnisch«, also von sogenannten Naturreligionen geprägt – und deshalb auch ohne Schulen und Krankenhäuser. Der Abstand zwischen den Landesteilen vergrößerte sich im Lauf der Jahrzehnte, und aus dem anfänglichen Stolz, sich gegen westliche Einflüsse erfolgreich gewehrt zu haben, wurde – zumindest bei dem einen oder anderen Nachdenklichen – die bittere Erkenntnis, dass man abgehängt worden war und nun hinterwäldlerisch, in selbst gewählter Isolation lebte. Analphabet zu sein, war im Süden der Normalfall, bei der Geburt des Kindes zu sterben, für junge Mütter ein Risiko, das zu jeder Schwangerschaft dazugehörte. Dass es im ganzen großen Tunduru-Distrikt eine einzige Straße gab, die man mit einem Auto befahren konnte (nicht weil sie asphaltiert gewesen wäre, sondern nur, weil sie die nötige Breite hatte), war ein anderes Kennzeichen der Region. Wer wollte auf so etwas noch stolz sein?

Als Matomora dem im Auto sitzenden Madevu hinterhersah, war die Ära der Portugiesen bereits graue Vorzeit, und die Zeit der Deutschen war auch schon gut vierzig Jahre her. Gerade eben hatte auch die englische Phase ihr Ende gefunden. Alle Fremden, die Ausbeuter wie die Wohlmeinenden, hatten sich damit abgefunden, dass »denen im Süden« nicht zu helfen war. Dann mussten sie halt bleiben, wo sie waren, ungebildet, aber stolz, von Krankheiten geplagt, aber unabhängig. Und dennoch nahm nun offensichtlich ein Grüppchen Fremder einen neuen Anlauf, und er, Matomora, hatte das Glück, das Experiment von Nahem beobachten zu können, gleich mehrere Sommerwochen lang. Als erstes also hörte er von Madevus Hochzeit. Natürlich war er nicht eingeladen, aber was heißt schon »eingeladen« in einem Land, in dem das Leben sich nicht hinter Zäunen, Mauern oder verschlossenen Türen abspielt? Wer wirklich irgendetwas verpasst haben sollte, bekommt es erzählt – brühwarm, mehrfach und mit den dazugehörigen Ausschmückungen. Schließlich will man auch in einer Gegend ohne Fernsehen und Lokalblättchen unterhalten werden. Von der Braut hörte man, sie habe ein seltsames langes und komplett weißes (weißes!) Kleid angehabt. Genauer gesagt, war es zu Beginn der Feier weiß. Als alle Gäste gratuliert und den zarten Stoff an beiden Armen der Braut einmal bewundernd entlang gestrichen hatten, waren zumindest die langen (man stelle sich vor: langen!) Ärmel grau. Manche Frauen befühlten auch gleich den ganzen Leib der Braut: war eine Frau, die von ferne wie ein Bambushalm aussah, überhaupt so gebaut, dass sie Kinder bekommen konnte?

Matomora interessierte sich nicht sonderlich für die Nachrichten vom Brautkleid und auch nicht für die Figur der Braut. Dagegen notierte er innerlich, dass für Menschen wie Madevu die Einehe offensichtlich die einzig denkbare Form des Zusammenlebens von Mann und Frau war. Sein eigener Vater hatte drei Frauen, der Prophet selbst vermutlich sogar dreizehn, der Islam erlaubte vier – immer vorausgesetzt, der Mann konnte die Frauen auch ernähren und war bereit, sie gerecht zu behandeln. Reiche Männer hatten natürlich weit mehr als vier Frauen, auch zehn oder zwölf konnten es sein, aber das schloss den Mann dann von bestimmten islamischen Ritualen aus. Die Weißen hatten entweder gar keine Frau (sehr selten und sehr seltsam), oder sie hatten eine einzige. Diese Einzige wohnte mit ihnen unter einem Dach; auf dem *Compound*, dem Gelände der Missionare, schien es keine Bereiche zu geben, die nur für Frauen oder nur für Männer bestimmt waren. Dies wiederum hatte vermutlich mit ihrem Glauben zu tun: anders als die Muslime beteten bei den Christen Männer und Frauen in ein und demselben Raum, deshalb genügte ein kleiner Gebetsraum, ausgestattet mit ein paar Stühlen und Bänken. Auch das eine Besonderheit: da die Christen beim Beten standen oder saßen, sich aber nie auf den Boden warfen oder knieten, saßen sie ganz gemütlich, Männer und Frauen gemischt, wenn viele Menschen im Raum waren, oft sogar erstaunlich eng nebeneinander, hörten jemandem zu, der vorlas oder sprach, sie sangen – und dann beteten sie auch, aber einzeln. So gut wie nie schienen sie alle gleichzeitig zu beten. Oder betete nur einer laut, und die anderen taten es leise, ohne Stimme?

Matomora war Imanuelis großzügiger Einladung vom ersten Tag an gefolgt, und tatsächlich schienen die Missionare nichts dagegen zu haben, dass er mitkam. Er setzte sich still auf eine Bank, hielt Augen und Ohren offen und begann bald sogar Fragen zu stellen. Nicht während der Andacht (so hießen die kurzen Zusammenkünfte am Morgen) und auch nicht während des Gottesdienstes (der großen Zusammenkunft einmal in der Woche, aber nicht am Freitag, sondern am Sonntag und, wie gesagt, mit Männern und Frauen in einem Raum). Matomora sparte sich seine Fragen für hinterher auf, aber weil die Antwort auf eine Frage meist sofort eine neue Frage aufwarf, fehlte es oft an der Zeit für eine gründliche Antwort auf alle Fragen. Imanueli war schließlich nicht als Missionar, sondern als eine Art Hausmeister angestellt, auf Madevu warteten immer schon Scharen von Kranken, kaum dass er den Versammlungsraum verlassen hatte. Und auch Matomora hatte ja einen Job im Krankenhaus, mit dem er pünktlich beginnen sollte. Aber am Abend, wenn alle Verbände gewechselt waren, die Medikamente verteilt und die Instrumente gereinigt, dann trafen sich Matomora, Imanueli und Madevu, um die vielen Fragen zu besprechen, die die Andachten und Gottesdienste aufgeworfen hatten. Mal bei Imanueli, mal bei Madevu, wobei der mit seiner Frau ein so unglaublich kleines Häuschen bewohnte, dass ein Raum mit drei großen Männern auf drei Stühlen schon überfüllt wirkte.

»Warum betet ihr nicht fünfmal am Tag?«, war eine von Matomoras ersten Fragen. »Glaubt ihr nicht, dass das Gebet wichtig ist?«

»Doch, Beten ist wichtig«, sagte Imanueli. »Aber es ist nicht wichtig, wann genau man betet und wie oft am Tag.«

»Wie oft betet ihr denn?«

»Ich weiß es nicht«, gab Madevu zu. »Manchmal bete ich mitten in meiner Arbeit, wenn ich zum Beispiel eine schwierige Sache machen muss. Dann bitte ich Gott, dass er mir hilft. Leise. Die Leute um mich herum merken das gar nicht. Aber am Morgen und am Abend, zusammen mit Waltraut, meiner Frau, da bete ich laut. Und auch vor dem Essen.«

Es gab also doch so etwas wie regelmäßige Gebete, immerhin zwei von den fünf, die Allah vorschrieb. Dass es nicht einfach war, die Gebetszeiten einzuhalten, hatte Matomora schon in der Schule in Songea gemerkt. Außer ihm war es nur vier oder fünf Jungen wichtig, alle Gebete zu sprechen. Morgens um halb sechs und abends um acht Uhr hatte die Schulleitung ihnen dafür Zeiten eingeräumt. Die drei während des Tages verpassten Gebete integrierten sie in das Abendgebet. Das war ein korrekter Weg, aber anders wäre es besser gewesen.

»Wenn das Gebet für euch nicht so eine große Rolle spielt – was tut ihr denn dann, um Gott ... was soll ich sagen ..., damit Gott mit euch zufrieden ist?«

Matomora guckte seine Gesprächspartner mit großen Augen an. Irgendwie schien ihm der Glaube der Christen diffuser, weniger klar geregelt zu sein als der der Muslime. Woher wussten diese beiden zum Beispiel, woran sie waren und ob sie immer alles richtig machten?

Madevu lächelte. »Es geht nicht darum, dass Gott mit uns zufrieden ist. Das stellen wir uns zwar manchmal so vor, aber im Grunde ist es Unsinn. Das, was wir tun, hilft uns nicht, Gott näher zu kommen. Wir können sozusagen keine Leiter bauen, um zu ihm hochzusteigen. Weißt du, was ich meine?«

Matomora legte die Stirn in Falten. »Nicht so richtig.«

»Gott baut eine Leiter, um zu uns herunterzukommen. Im Bild gesprochen. Jesus ist auf die Erde gekommen, sozusagen als ein Geschenk von Gott. Das feiern wir an Weihnachten.«

Jesus, natürlich. Als gebildeter Mensch hätte er wissen können, dass Gespräche mit Christen immer auf Jesus hinauslaufen würden.

KAPITEL 6

Mehr als Wasser

Es war kurz nach Weihnachten, und die Regenzeit hatte gerade begonnen, als Matomora zusammen mit Madevu ins warme Wasser des Maolela stieg, des schmalen Flusses bei Mbesa. Wie es bei den deutschen Missionaren üblich war, tauchte Madevu den Täufling mit dem ganzen Körper unter das Wasser und half ihm dann wieder hoch, während die kleine Gemeinde, die am Ufer stand, ein Lied anstimmte. Am 28. Januar 1963 wurde Matomora getauft, nun war er Christ, auch offiziell. Er bezeugte es hier am Fluss, einige Tage bevor sein letztes Schuljahr in Songea begann. Dass es Madevu, der Hilfsarzt, war, der ihn taufte, fand niemand erstaunlich. Die deutschen Missionare gehörten zu einer Brüdergemeinde und die kannte keine studierten und ordinierten Pfarrer, sondern, wie der Name ihrer Gemeinde es ausdrückte, nur »Brüder«, denen es ohne Ansehen ihrer professionellen Vorbildung gestattet war zu predigen, das Abendmahl zu feiern und eben auch zu taufen. Jede Art von Amt war ihnen suspekt, und hier in Tansania vermisste ohnehin niemand die Einrichtungen und Traditionen, die sie ablehnten. Dass man in Deutschland einen Talar und einen Taufschein für wichtig hielt – so etwas wusste hier keiner der jungen Christen, und deshalb belastete das Fehlen dieser Dinge auch niemanden.

Von Bedeutung war doch ganz anderes: Schon nach einem der ersten Gespräche hatte Madevu dem neugierigen Matomora eine Bibel auf Kisuaheli geschenkt, und er hatte sie noch während der Sommerferien von vorne bis hinten gelesen. Was er las, befeuerte ihre Gespräche, besonders als Matomora im Neuen Testament zu lesen begann. Natürlich konnte er mit dem Alten Testament viel mehr anfangen als mit dem Neuen. Die Geschichten aus dem Alten Testament mussten ja wahr sein, schließlich erzählte der Koran von denselben Personen. Adam, Abraham und Mose waren Matomora vertraut. Jesus und Maria kannte er auch, aber im Neuen Testament spielten sie doch eine ganz andere Rolle als im Koran. Sollte Jesus nicht nur ein Prophet, sondern wirklich der Sohn Gottes gewesen sein? Nicht immer waren die Antworten, die Madevu und Imanueli auf seine Fragen hatten, rundum befriedigend, aber schließlich war der eine *medical assistant* und der andere selbst erst seit kurzem Christ. »Schriftgelehrte« waren sie nicht, aber dennoch oder vielleicht genau deshalb fand Matomora bei ihnen etwas, das schlussendlich schwerer wog als alle theologische Beschlagenheit: für Madevu wie Imanueli war ihr Glaube etwas, das sie ruhig und zuversichtlich machte. Es war ein Vertrauen, das ihnen Frieden schenkte. »Alles ist schon da. Alles ist Geschenk. Du brauchst es nur noch anzunehmen«, so etwa ließ sich das zusammenfassen, was sie Matomora vermittelten. Für ihn dagegen war der Glaube immer eine Anstrengung gewesen, etwas, das mit Pflicht und Leistung zu tun gehabt hatte. Wenn man sich bei einem Gebet versprochen hatte, wurde es ungültig, und man musste noch einmal von vorne anfangen. Er war

| Matomora wird von Madevu getauft | Imanueli und Matomora am Tag der Taufe, 28.1.1963 |

sich nie sicher gewesen, wirklich alles, alles richtig gemacht zu haben. Auch bei den Waschungen machte man so leicht etwas falsch. Immer blieb ein Rest schlechtes Gewissen, eine dunkle Ahnung davon, dass die Waagschale von guten Taten auf der einen Seite und Verstößen gegen die Regeln auf der anderen Seite nicht ganz ausgeglichen war, auch wenn man sich alle Mühe gab. »Ich bin ein Sünder und werde es immer bleiben«, war das bestimmende Lebensgefühl, seit Matomora bewusst danach strebte, ein guter Muslim zu sein. Andere schienen dieses Gefühl nicht zu kennen. Sie waren viel nachlässiger, was ihre Pflichten anging, aber an einem schlechten Gewissen schienen sie nicht zu leiden.

Eines Tages tauchte in den Gesprächen mit Imanueli und Madevu dieses erstaunliche, große, weiche Wort »Gnade« auf, wie ein Kissen, das ihn einlud: »Ruh' dich aus, strampele dich nicht ab. Alles Entscheidende ist bereits geschehen. Jesus ist doch längst zur Welt gekommen und hat alles ins Lot gebracht. Dir ist vergeben. Mit unseren ganzen Anstrengungen können wir nichts für unsere Rettung tun; wir sind doch schon gerettet! Natürlich ist es gut, Gutes zu tun. Aber das geschieht ganz von allein.«

Diese Sätze stellten alles auf den Kopf. Aus den Voraussetzungen wurde eine Folge, aus der Anstrengung ein Geschenk. Es war ein verändertes Lebensgefühl, und jetzt, hier im Fluss, hatte er den Beginn dieses neuen Lebens besiegelt.

Zur christlichen Taufe gehörte ein christlicher Name, aber Matomora, der bis zu diesem Tag seit seiner Beschneidung noch Mohamedi hieß, gefiel keiner der christlichen Namen, die man ihm vorschlug, weder David noch Johannes oder Paul. »Ich würde gern Matomora heißen, nach meinem Großvater, der schon lange tot ist«, sagte er dem verblüfften Madevu.

»Matomora als christlicher Taufname? Ich weiß nicht ...« Aber dann fiel Madevu ein, was das Christliche an diesem Namen war: er ehrte die Familie des Täuflings. Dieser Name war wie eine Hand, die der Konvertit seinem Vater entgegenstreckte. Der Vater würde davon hören, auch wenn er und seine Familie an diesem Tag natürlich nicht am Ufer des Maolela standen. Matomora hatte ihnen nichts von der bevorstehenden Taufe erzählt. Einen Moment fragte er sich, ob das vielleicht feige gewesen war. Er hätte es selbst nicht sagen können. Zunächst einmal hatte es sich nicht so ergeben. Am letzten Schultag, nach einem kurzen Aufenthalt bei den Eltern, war Matomora von Songea aus nach Tunduru gefahren, dort wurde Weihnachten gefeiert, zu Hause nicht. Außerdem war das Reisen in der Regenzeit mühsam, und wegen einer baufälligen Brücke war es manchmal sogar unmöglich, Kalulu in dieser Jahreszeit überhaupt zu erreichen. In ein paar Tagen wollte er sich deshalb auch ohne den Umweg über sein Heimatdorf auf den Rückweg nach Songea machen. Natürlich würde er irgendwann einmal in aller Ruhe mit seinem Vater reden und ihm alles erklären müssen. Bis vor kurzem war ihm sein Vater, Saidi Matomora, doch gerade, was den Glauben anging, ein leuchtendes Vorbild gewesen. An ihn hatte er gedacht, wenn er in der Schule auf der Einhaltung der Gebetszeiten bestanden hatte. Bis jetzt war er, der erstgeborene Sohn, der große Stolz seines Vaters gewesen. Damit würde es jetzt wohl vorbei sein. Dass sein Vater mehr als enttäuscht sein könnte, daran wollte Matomora lieber gar nicht denken. Heute war erst einmal ein Festtag, und bis zum Wiedersehen mit der Familie würde es Trockenzeit werden.

Tatsächlich sah Matomora seine Familie erst nach einem halben Jahr wieder, aber die ungeheuerliche Nachricht, dass ausgerechnet Matomora, der aufrechte Muslim und begabte Schüler, den wahren Glauben gegen den Glauben der Weißen getauscht hatte, brauchte von Mund zu Mund nur wenige Tage, um Kalulu zu erreichen. Matomoras Vater war wie vom Donner gerührt. Dass ihm, der den Koran von den Arabern selbst gelernt hatte, der sich mit Scheichs über den Glauben unterhielt und im Umkreis von vielen Meilen ein angesehener Mann war, solch ein Schicksalsschlag treffen musste! War sein Sohn verrückt geworden? Oder hatten die Weißen ihn verführt, ihm irgendetwas geboten, dessen Verlockung er nicht widerstehen konnte? Was konnte er als Vater jetzt tun? Den Jungen von der Schule nehmen? Das wäre sinnlos, schließlich war es nicht die Schule, die an diesem Unglück schuld war. Außerdem war das Schulgeld abgeschafft worden; mit der Einstellung der

Zahlungen konnte er nicht mehr drohen. Und was hätte sein erwachsener Sohn auch zu Hause tun sollen?

Saidi Matomora war weise genug, Matomora gegenüber auf Zwang zu verzichten. Aber den weißen Missionaren, denen wollte er doch gerne die Meinung sagen. Und in dieser Sache wollte er sich nicht auf den Buschfunk verlassen, lieber machte er sich selbst auf den Weg nach Tunduru. Mehrere Freunde begleiteten ihn auf der Reise, aber als sie Madevus Haus erreicht hatten, trat keiner der Männer ein. Zum einen war das Haus tatsächlich winzig klein, zum anderen wollten sie ohnehin nicht Gäste dieses Lumpen sein. Als Madevu vor die Tür trat, stand er eine kurze Weile wie unter einem heftigen Guss von Beschimpfungen. Doch dann gab es eine kurze und klare Botschaft von Matomoras Vater: »Wenn ihr Weißen meinen Sohn schon verrückt gemacht habt, dann könnt ihr euch auch um ihn kümmern. Ich fühle mich nicht mehr für ihn verantwortlich. Und ich werde nicht mehr für ihn aufkommen.«

Madevu und die anderen Missionare waren erstaunt. Sie hatten Schlimmeres erwartet: einen Vater, der seinen Sohn verdammt, ihn verstößt. Einen Sohn, der seine Familie verliert. Aber danach hörte es sich nicht an. Saidi Matomora war wütend auf die Missionare, und er war enttäuscht von seinem Sohn. Aber er wollte ihn wohl kaum für immer verlieren. Der wahre Glaube stand für ihn offensichtlich nicht höher als die Familie. Was sie nicht ahnen konnten: Matomoras Vater bewegte ein Gedanke, von dem er wusste, dass er in der langen Zeit, die Vater und Sohn getrennt gewesen waren und in der Matomora fremden Einflüssen ausgesetzt gewesen war, auch seinen Sohn bewegt haben musste: war nicht er, der Vater, das Vorbild, auch vom Glauben seiner Väter abgefallen? Hatte er nicht einen neuen Weg eingeschlagen, und musste das nicht auf den alten Matomora auch wie eine Ohrfeige gewirkt haben? Wenn er ganz ehrlich mit sich selbst war, hatte er nicht das Recht, seinen Sohn für etwas zu verurteilen, dessen er sich selbst vor vielen Jahren in ganz ähnlicher Weise schuldig gemacht – und das er nie bereut hatte.

Die offizielle Verurteilung des Übertritts zu einem fremden Glauben übernahm der Scheich von Tunduru. Er ließ Matomora wissen, dass er nicht mehr zur Gemeinschaft der Muslime gehöre und deshalb sein Haus nicht mehr zu betreten brauche. Mit diesem Spruch konnte Matomora leben, er war korrekt und hatte nichts mit Hass zu tun. Matomora gehörte jetzt tatsächlich zu einer anderen Religion und damit in gewisser Weise zu einer anderen Welt. Für die nächsten zwei Jahre war dies die Welt der weißen, deutschen Christen im Tunduru-Distrikt, die er, so oft es ging, besuchte und bei denen er in den Ferien wohnte, während er sein letztes Schuljahr vor dem Abitur absolvierte. Diese Welt war schon fremd genug. Wie hätte er auch ahnen können, in welch eine weite und unbekannte Welt ihn seine Taufe eines Tages noch katapultieren sollte?

KAPITEL 7

Aufbruch

I n Deutschland machen etwa 46 Prozent eines Jahrgangs das Abitur. In den Sechzigerjahren waren es etwa sieben Prozent eines Jahrgangs. Dass es heute sechs oder sieben Mal mehr intelligente, begabte und fleißige Jugendliche gibt als vor fünfzig Jahren, würde wohl dennoch niemand behaupten wollen. Es sind die Lebensverhältnisse, die sich verändert haben. Ein Junge, der nicht mehr auf dem väterlichen Hof gebraucht wird – weil es diesen Hof schon lange nicht mehr gibt oder weil der Junge nicht im Traum auf die Idee käme, in die Fußstapfen seines Vaters zu treten –, darf ruhig länger zur Schule gehen. Ein Mädchen, von dem man nicht mehr annehmen kann, dass es sowieso bald heiraten, in den nächsten zehn Jahren eine Reihe Kinder bekommen und bis an ihr Lebensende Hausfrau bleiben wird, darf sich ruhig viele Jahre lang für eine Berufstätigkeit qualifizieren, die sie höchstens für eine kurze »Babypause« unterbrechen wird.

In Tansania legten in den Sechzigerjahren so wenige junge Leute das Abitur ab, dass es sich für das Land gar nicht lohnte, eine eigene Universität zu unterhalten. Stattdessen gründeten einige Staaten Ostafrikas eine gemeinsame Universität, die *University of East Africa*, deren Fakultäten über die verschiedenen Länder verteilt waren. Mathematik und Ingenieurswissenschaften zum Beispiel konnte man in Nairobi (Kenia) studieren, Medizin in Kampala (Uganda) und Jura in Dar es Salaam (Tansania). Jedes Land hatte das Recht, eine bestimmte Zahl von Plätzen an den jeweiligen Fakultäten mit den Studenten des eigenen Landes zu besetzen. Trotz dieser Beschränkung war man von einem »Run« auf die Studienplätze weit entfernt. So gab es, als Matomora 1965 Abitur machte, in Uganda für Medizinstudenten aus Tansania weit mehr Plätze, als belegt werden konnten; es hatten einfach nicht genug junge Leute das Abitur gemacht. Es waren also goldene Zeiten für Abiturienten. Wer es bis hierhin geschafft hatte, dem standen alle Türen offen. Und Matomora gehörte zu diesen Glücklichen. Zugegebenermaßen hatte er einige Zeit gebraucht, um an diesen Punkt zu gelangen, er war jetzt 21 Jahre alt. Aber dass er als südtansanischer Dorfjunge es überhaupt so weit gebracht hatte, war erstaunlich genug. Nun also hatte er die Wahl, und er durfte sich in seiner Wahl frei fühlen. Das Verhältnis zwischen ihm und seiner Familie war von beiden Seiten in den zwei Jahren seit seiner Taufe behutsam gepflegt und nach und nach verbessert worden. Zuletzt hatte Matomora in Milonde sogar eine eigene Hütte gebaut, genauer gesagt: für sich bauen lassen, von einem Schwager.

Und das kam so: Kalulu, das Dorf, in dem die Familie lange Jahre wohnte, war von der »Hauptstraße des Südens«, wie *die* Straße bis heute genannt wird, durch einen Fluss getrennt. In der Trockenzeit war das kein Problem, aber wenn der Fluss in der Regenzeit anschwoll, wurden die wenig soliden Bretter der kleinen Brücke regelmäßig mitgerissen. Unter Lebensgefahr überquerten die Dorfbewohner dann mithilfe zusammengeknoteter Bambushalme den Fluss, und wenn einer es nicht schaffte, hieß es lapidar: »Der Fluss hat sich wieder ein Opfer geholt.« So war das nun mal mit diesem Fluss, und so war es immer gewesen, solange man sich erinnern konnte.

»Das nächste Opfer bin ich«, sagte Matomora eines Tages, als er seine Familie besuchte.

Der Vater erschrak. »Wenn das ein Scherz sein soll, ist es ein ziemlich finsterer Scherz.«

»Ich meine es aber nicht als Scherz. Du weißt doch, dass man sein Leben riskiert, wenn man euch in der Regenzeit besucht.«

Tatsächlich brachten Matomoras Worte den Vater dazu, einen Plan zu machen. Allerdings keinen Plan zur Sanierung der maroden Brücke. Stattdessen zog die Familie nicht lange nach diesem Gespräch um, und zwar nach Milonde, einem Ort auf der »richtigen« Seite des Flusses. Der Laden in Kalulu war ohnehin so gut wie pleite und in Milonde konnte Matomoras Vater wieder mit etwas Landwirtschaft beginnen. Hier gab es eine Quelle und sogar ein paar Palmen. Es war nur noch ein Teil der Familie, der umzog, denn drei von Matomoras Schwestern waren inzwischen verheiratet und hatten eigene, Jahr für Jahr wachsende Familien. Nur die Großeltern und die noch unverheiratete jüngste Schwester verließen ihre alten Häuser (die ein Europäer wohl eher Hütten genannt hätte) und brachten alles, was sie besaßen, auf die andere Flussseite. Dort bauten sie drei neue Häuser – für jede Frau eins –, dazu ein Haus für die Großeltern. Und auch Matomora bekam ein eigenes Haus, obwohl er schon lange nicht mehr bei der Familie lebte. Das hatte einen dreifachen Grund: zum einen war es eine freundliche Geste und signalisierte: Ich bin noch Teil der Familie, auch wenn ich in der Stadt lebe und zu den Leuten gehöre, die mit Büchern statt mit der Hacke umgehen. Ich bin mir nicht zu fein, bei euch zu wohnen. Dass es niemand von meinen Geschwistern länger als vier Jahre in einer Schule ausgehalten hat, bedaure ich. Dennoch bin ich eins der Kinder. Zum anderen hieß es: Auch dass ich jetzt Christ bin und nicht mehr Muslim, ändert nichts daran, dass ich Teil unserer Familie und unseres Volkes bleiben will. Und nicht zuletzt gab es einen ganz praktischen Grund: Matomora hatte bei seinen Schwägern etwas gut. Wer dem Bruder die Schwester wegnimmt, weil er sie heiratet, von dem kann dieser einen Dienst verlangen. Matomora entschied sich für den Bau eines kleinen Hauses. Und so war am Ende allen geholfen, auch wenn Matomora, als das Haus stand, schon fast auf dem Sprung in ein neues Leben auf einem fernen Kontinent war.

Es war wieder Madevu, der die nächste Weichenstellung in Matomoras Leben vorbereitete.

»Wenn du wirklich Arzt werden willst, Matomora – und das willst du doch, oder ...?«

»Ja, da bin ich mir ganz sicher, das will ich schon lange.«

»Also, wenn du wirklich Arzt werden willst, dann solltest du Tansania verlassen.«

»Das muss ich doch sowieso. Die medizinische Fakultät ist in Uganda. Ich werde mich bewerben, und dann muss ich sehen, wie ich das finanziere.«

»Nein, ich meine, dann solltest du Afrika verlassen. Die Universitäten in meiner Heimat sind viel besser als eure hier. Und überhaupt ...«

»Überhaupt – was?«

Madevu runzelte sorgenvoll die Stirn, sagte aber nichts. Und Matomora fragte nicht weiter. Schließlich war er ein gut erzogener junger Mann, der einen Älteren nicht dazu zwingen wollte, etwas zu sagen, was dieser nicht gern sagen wollte.

Nach Deutschland gehen. Dort Medizin studieren, in einer Sprache, in der er nichts als »Guten Tag« und »Danke schön« sagen konnte – was für eine kuriose Idee. Wie sollte er dort hinkommen? Wer sollte das bezahlen? Und noch etwas schien Matomora gegen diesen Plan zu sprechen, aber davon konnte Madevu nichts ahnen: Matomora war verlobt. Oder er fühlte sich jedenfalls so gut wie verlobt.

Anne hieß die Freundin, ausgesprochen wie das französische Anne, also mit stummem E. Aber vielleicht ist schon »Freundin« ein Wort, das falsche Vorstellungen weckt. Matomora hatte Anne 1964 im Schülerverein kennengelernt, dessen Vorsitzender er war. Sie besuchte eine Missionsschule, die von anglikanischen Schwestern geleitet wurde, und verbrachte dort sogar die Sommerferien. Das erstaunte niemanden, denn es hatte einen ganz praktischen Grund: das intelligente und hübsche Mädchen sollte auf keinen Fall schwanger aus den Ferien zurückkehren, beziehungsweise aus genau diesem Grund nicht mehr aus den Ferien zurückkehren. Und nur wenn sie den ganzen Sommer in der Obhut der Schwestern blieb, konnte man sich da sicher sein.

Mit solch einer so gut behüteten Schülerin Kontakt zu halten, war nicht leicht. Wenn es in Afrika bis heute oft schwierig ist, als junger Mann unbefangen auf eine junge Frau zuzugehen, so war es das im Afrika der Sechzigerjahre erst recht. Und wenn die Wahl eines jungen Mannes ausgerechnet auf ein Mädchen gefallen war, das unter klosterähnlichen Umständen erzogen wurde, musste er entweder kurz entschlossen sein oder sehr, sehr geduldig. Im ersten Fall bot er ihr die Ehe an (genauer: fragte er den Vater, unter welchen Bedingungen es möglich wäre, seine Tochter zu heiraten) und heiratete sie, wenn das geregelt war, sofort. Das kam für Matomora, der selbst noch Schüler war, nicht in Frage. Im zweiten Fall verschob er das

Zusammensein auf später und begnügte sich damit, die Erwählte hin und wieder zu sehen – natürlich nicht in zweisamer Abgeschiedenheit, sondern so gut wie immer im Rahmen der Zusammenkunft einer ganzen Gruppe, also in der Kirche oder in der Schule. (Von Menschen, die im Deutschland der Sechzigerjahre verliebt waren, hört man, dass die Umstände ihres – oft verhinderten – Lebens als junges Paar den afrikanischen gar nicht unähnlich waren.) Mit Geduld und einigem Einfallsreichtum schafften es die beiden in seltenen glücklichen Momenten, nur zu zweit miteinander zu reden – und versprachen sich bald schon, einander zu heiraten, wenn die Umstände es eines Tages zulassen würden.

Eines Tages – wenn Matomora auf Madevus Vorschlag einging, würde dieser Tag noch lange auf sich warten lassen. Einige der Abiturienten, die Matomora kannte, träumten von einem Studium im Ausland. Aber sie träumten von den USA oder von England. Niemand träumte von einem Land, dessen Sprache so schwierig war, dass man kostbare Monate, wenn nicht Jahre investieren musste, um sie zu lernen. Sollte er also Anne bis auf weiteres hinter sich lassen und außerdem so etwas Mühsames wie Deutschlernen auf sich nehmen? Sehr attraktiv schien das nicht. Die Vorstellung, an einer modernen Universität und in einer modernen Klinik zu lernen, hatte dagegen einen großen Reiz. Man stelle sich vor: keine Stromausfälle im OP, sterile Bedingungen, ein richtiges Labor, lauter Menschen, die speziell für ihre Aufgabe ausgebildet sind – vor Matomoras Augen stand eine Art medizinisches Schlaraffenland. Was es bedeutete, wenn all dies fehlte, wusste er von seinem Ferienjob im Krankenhaus in Tunduru.

Matomora und die noch kleine Familie Bockemühl: Madevu und Waltraut mit ihrem ersten Kind (1964)

Wie Matomora bewegte auch Madevu das Für und Wider eines Studiums in Deutschland in seinem Kopf und Herzen. Allerdings dachte er weder über Anne noch über Strom im OP nach. Eigentlich gab es in seinem Herzen nur ein großes Für: Dieser begabte junge Mann musste unbedingt eine gute Ausbildung bekommen. Genauso wichtig schien ihm aber: Er musste diese Ausbildung in einem christlichen Umfeld bekommen. Wer konnte schon wissen, ob er an einer ugandischen Universität nicht bald wieder vom christlichen Glauben abfallen würde? Äußerlich war er groß, aber innerlich war er, was den Glauben anging, ein junges, schwaches Pflänzchen, das vor Wind und Wetter geschützt werden musste. Und noch etwas sprach für ein Studium in Deutschland: Tansania hatte sich in den ersten Jahren seiner Unabhängigkeit eindeutig in Richtung eines sozialistischen Staates entwickelt. Christlich und sozialistisch –

das waren für Madevu klare Gegensätze. Wenn Matomora in Tansania bliebe, würde er vielleicht eines Tages in die Welt der intellektuellen und politischen Elite des Landes aufsteigen – und Sozialist werden! Dem musste man zuvorkommen.

Das Wider bestand aus einem einzigen Punkt, und das waren die Finanzen. Die Mission lebte von Spenden, genauer: jeder Missionar lebte von dem Spenderkreis, den er vor seiner Ausreise nach Tansania hinter sich versammelt hatte. Wer aber würde für einen jungen schwarzen Mann spenden, den er noch nie gesehen hatte?

»Niemand«, war die Antwort von Madevus Kollegen. »Wir sind ja schon froh, dass unsere Spender das aufbringen, was wir unbedingt benötigen. Und uns kennen sie seit vielen Jahren. Wir schreiben Briefe, geben Rechenschaft über unsere Arbeit ... Und dann mal ganz ehrlich: wer von uns will denn für einen jungen Afrikaner wie Matomora die Hand ins Feuer legen? Selbst wenn sich Spender finden würden und er das teure Studium in Deutschland wirklich absolvieren könnte – am Ende gefällt es ihm dort so gut, dass er dableiben will. Dann hat die Mission und dann hat auch die Gegend hier nichts von ihm.«

Natürlich, man konnte immer davon ausgehen, dass am Ende alles vergeblich sein würde. Aber wenn nicht? Madevu jedenfalls wollte nicht so schnell aufgeben und wandte sich direkt an die Missionszentrale in Deutschland.

Es dauerte Wochen, bis sein Brief in Deutschland war, und es dauerte wiederum Wochen, bis die Antwort der Mission Tansania erreichte: »Es tut uns leid, aber wir betrachten es nicht als unsere Aufgabe, ein Projekt mit solch ungewissem Ausgang mit Tausenden von D-Mark zu unterstützen. Unsere Spender hätten dafür wohl kaum Verständnis.«

Madevu war enttäuscht, auch wenn er sich im Kopf immer wieder klargemacht hatte, dass sein Vorschlag in Deutschland nicht gerade Begeisterung auslösen würde. Aber als er die Absage in Händen hielt, siegte sein Bauchgefühl. Es musste dennoch zu schaffen sein! Statt die Flinte ins Korn zu werfen, schrieb Madevu weitere Briefe: Wenn es nicht auf dem offiziellen Weg über die Zentrale ging, dann musste er eben Privatleute um Spenden bitten. Wieder vergingen Wochen und Monate, aber dann stand es fest: die Zahl der Sponsoren (die damals noch nicht Sponsoren, sondern Freunde der Außenmission hießen) und die Summe der zugesagten Spenden war groß genug, um Matomora nach Deutschland zu schicken. Madevu konnte stolz sein auf seine Hartnäckigkeit, und er war es. Aus Berlin hatten ihn die meisten Zusagen erreicht, aber die Spender wollten vorerst anonym bleiben.

Im kleinen Büro des Missionsleiters durfte, besser gesagt: musste Matomora eine Unterschrift leisten: Nach dem Studium in Deutschland würde er fünf Jahre lang für die Mission im Mbesa-Krankenhaus arbeiten.

Wenn Matomora in den folgenden Wochen auf das Gelände der Missionsstation kam, trafen ihn anerkennende, aber auch viele skeptische Blicke. Dieses Landkind sollte also in die glitzernde, moderne Welt geschickt werden, um als fertiger Arzt zurückzukehren – aber natürlich nicht stolz oder vom Wohlstand verwöhnt, sondern bescheiden, dankbar und immer bereit, seinem eigenen Volk unter widrigsten Umständen zu dienen. Wenn das mal gut ging ...

Aber nicht nur Madevus Kollegen, auch der Staat Tansania sah die Sache kritisch. Man freute sich über jeden, der das Abitur machte – und dann sollte man ihn gleich mit einem Visum ausstatten, damit er seine Heimat verließ? Das konnte nicht im Sinne des Landes sein. Das Visum wurde erst einmal verweigert. Eine Entscheidung im fernen Dar es Salaam, von der Matomora jedoch nichts erfuhr. In Tunduru gab es kein Telefon, die Briefpost war unendlich langsam und in der großen Aufbruchsstimmung ging niemand davon aus, dass die Sache scheitern könnte. Madevu machte gerade Urlaub in Deutschland, deshalb war es Dr. Stein, der den Reisenden verabschiedete und ihm das Flugticket für den 4. Januar 1966 überreichte. »Den Pass mit dem Visum bekommst du dann in Dar es Salaam.«

»Junger Mann, Sie haben auf Kosten des tansanischen Staates viele Jahre die Schule besucht. Sie bleiben erst einmal hier.« Die Ablehnung des Regierungsbeamten traf Matomora wie ein Schlag auf den Kopf.

»Ich habe aber doch versprochen, dass ich nach Tansania zurückkomme, ich habe es sogar unterschrieben!« Matomora wusste nicht, ob er betteln oder wütend werden sollte. Das konnte doch nicht wahr sein. Morgen ging der Flug! »Wenn Sie wollen, gebe ich es auch Ihnen noch mal schriftlich. Setzen Sie ein Papier auf, in dem steht, dass ich nach Abschluss meines Studiums in Tansania arbeiten werde, dann unterschreibe ich es!«

»Ich darf ohnehin nicht den Stempel in den Pass setzen, das macht ein höherer Beamter. Und der wird es nicht tun. Wie gesagt ...«

»Ich erhalte alles, was ich zum Leben brauche, von deutschen Unterstützern. Es gibt nichts, was ich meinem Land wegnehme! Wenn ich wiederkomme, werde ich für die deutsche Mission arbeiten, aber die muss ich kennenlernen, dafür reise ich nach Deutschland!«

Es hatte keinen Sinn. Das »Auf Wiedersehen« des Beamten war deutlich. Morgen würde das Flugzeug ohne ihn abheben.

Matomora begab sich erst einmal zur englischen Brüdergemeinde der Hauptstadt – und lernte noch am selben Abend einen der Ältesten der Gemeinde kennen, einen Staatssekretär im Bildungsministerium. Ihm erzählte er die ganze Geschichte, und als er am nächsten Tag wieder bei der Passstelle auftauchte, reichte man ihm den Pass mit dem begehrten Stempel ohne ein Wort der Erklärung. Mit nur einem Tag Verspätung saß Matomora am 5. Januar 1966 in einem Flugzeug auf dem Weg ins winterliche Deutschland.

KAPITEL 8

Umwege

V on 7 Uhr bis 7.30 Uhr macht jeder seine persönliche Stille Zeit. Um 7.30 Uhr ist Frühstück, um 8.15 Uhr beginnt der Unterricht, um 10.00 Uhr ist Pause, um 10.15 geht es weiter, um 12.15 Uhr gibt es Mittagessen ...«

Ein Mitschüler, der gerade mit seinem vierten Studienjahr begann, führte Matomora in das Leben an der Bibelschule ein. Und schon zwei Tage später wusste Matomora, was das Besondere an diesem Leben war – und vielleicht ja nicht nur am Leben in Wiedenest, sondern am Leben in Deutschland überhaupt? Nicht der Kartoffelbrei oder die Erbsensuppe, nicht die weiße, gestärkte Bettwäsche, auch nicht die höfliche, aber reservierte Art, bei der Begrüßung etwa einen Meter Abstand zu halten, sich aber dennoch kurz die Hand zu reichen, erstaunten Matomora am meisten. Nein, es war die unfassbare Pünktlichkeit, die das Leben bestimmte. Wenn etwas um 8.15 Uhr begann, dann begann es um 8.15 Uhr und keineswegs schon um 8.12 Uhr oder erst um 8.18 Uhr. Jeder Student trug eine Armbanduhr am Handgelenk, aber das schien nicht zu reichen, weshalb in jedem Klassenraum, in der Küche, im Speisesaal und wo nicht überall Wanduhren hingen. Und als würde das auf die Minute Pünktliche nicht reichen, waren alle Uhren mit Sekundenzeigern ausgestattet. Auch Matomora besaß eine Uhr. Madevu hatte ihn nämlich nicht nur in den christlichen Glauben eingeführt und ihm eine Bibel geschenkt. Er hatte ihm auch das mitteleuropäische Verhältnis zur Zeit nahegebracht – und dazu gehörte selbstverständlich das Geschenk einer Uhr.

Nur eine einzige Sache in diesem streng getakteten Universum war nicht berechenbar: die Ankunft der Briefpost. Einen Briefträger gab es im kleinen Wiedenest nämlich nicht, deshalb wurde die Post vom »Hausvater« mitgebracht, wenn der in Bergneustadt Dinge zu erledigen hatte. Kam der sehnlich Erwartete zurück, verteilte er die Briefe auf die Fächer der Schüler, und für die folgte der Gang zum Brieffach: ein erhabener und spannender Moment. Wer würde Post bekommen und von wem?

Bibelschüler und Bibelschülerinnen durften untereinander kein »Verhältnis« haben. Wenn überhaupt, sollten sie sich den zukünftigen Ehepartner außerhalb des Geländes suchen. Wenn es doch zu »Liebschaften« kam, musste einer von beiden die Schule verlassen. (Im Allgemeinen war das die junge Frau, schließlich hatte sie eine Ausbildung »nicht so nötig«.) In Zeiten vor dem Mobilfunk, vor Mail und SMS war der Briefkontakt die Lebensader, die zur Außenwelt führte.

Auch Matomora ging mit täglich steigender Erwartung zu seinem Brieffach, und das nicht nur, weil er tatsächlich ab und zu Post von Anne bekam. Matomora war aus Tansania abgereist, ohne sein Abiturzeugnis zu haben. Genauer gesagt: es fehlte ihm nicht nur das begehrte Dokument, er wusste auch noch nicht, welche Noten er bekommen hatte. Nur dass er bestanden hatte, war sicher.

Wochen vergingen, Weihnachten kam und ging, der Schnee schmolz, endlich wurde es grün in und um Wiedenest. Matomora machte Fortschritte beim Deutschlernen, er gewöhnte sich an die freundliche, aber auch etwas abwartende Haltung der Lehrer und Mitschüler. Er hatte verstanden, dass Afrika in ihren Köpfen offenbar nicht ein Kontinent, sondern ein einziges, wenn auch ziemlich großes Land war. (»Mein Onkel wohnt in Johannesburg, du kannst ihn grüßen, wenn du wieder nach Hause kommst.«) Er sagte auch nichts dazu, wenn aus freundlich-mitleidigen Bemerkungen Unwissenheit und ein Hauch von Herablassung sprachen. (»Habt ihr in Tansania kein Brot?«) Alles war nett gemeint und Rassismus sah sicher anders aus. Im Deutschland der Sechzigerjahre hatten – mit Ausnahme der wenigen Privilegierten, die auch damals schon weite Reisen unternahmen – nur diejenigen einen »echten Neger« aus der Nähe gesehen, die in der amerikanischen Besatzungszone wohnten, also hauptsächlich Bayern und Hessen. Mal ganz abgesehen davon, dass ein afrikanischer Neger vielleicht ja ganz anders war als ein amerikanischer Neger. Das Wort durfte auf jeden Fall noch ohne Anführungszeichen und schlechtes Gewissen verwendet werden, genau so, wie der dankbar nickende Neger als Sammelbüchse unbeanstandet seinen Dienst tat. Das Leben in Wiedenest war, objektiv betrachtet, gut und bot keinen Anlass zur Klage. Subjektiv aber spürte Matomora eine kühle Korrektheit, die ihn seine Heimat in manchen Stunden schmerzlich vermissen ließ. Aber egal, eigentlich war er ja zum Medizinstudium gekommen und dieser Zwischenhalt würde nur eine kurze Etappe sein.

Eigentlich. Wenn erst der Umschlag im Briefkasten läge ... Doch auf einen großen Umschlag aus Tansania wartete Matomora ein halbes Jahr lang vergeblich.

71

Es war ein Apriltag, an dem Erleichterung und Enttäuschung zusammenfielen: das Zeugnis war nicht verloren gegangen! Aber: es war nicht so gut ausgefallen, wie alle angenommen hatten. Nur wenn der Prüfling in drei ausgewählten Fächern auf dem A-Level nach englischem Schulsystem bestanden hatte, wurde ihm das tansanische Abitur auch in Deutschland als Studienberechtigung anerkannt. Aber Matomora hatte nicht in allen dreien so bestanden. – Was nun? Sollte das schon das Ende seines Deutschland-Aufenthalts sein? Waren seine Pläne doch zu hochfliegend gewesen?

Die »Brüder« von der Schulleitung berieten und hatten schon bald eine Lösung parat: dann würde Matomora eben nicht Arzt, sondern »nur« Missionar werden, nach vier Jahren an der Bibelschule. Matomora hatte in den letzten Monaten tatsächlich gemerkt, dass die Theologie ihm Spaß machte. Sich vier Jahre mit der Bibel, mit Kirchengeschichte und mit Fragen des Gemeindeaufbaus zu beschäftigen, konnte er sich durchaus vorstellen. Aber in welcher Rolle würde er dann in seine Heimat zurückkommen? Wer würde auf ihn hören? Was würde er bewirken können? Die Position eines schwarzen Missionars von weißen Gnaden wäre schwach; er konnte sich schon die skeptisch dreinblickenden Gesichter der Scheichs vorstellen.

»Wenn es mit dem Medizinstudium nichts wird, gehe ich lieber nach Uganda und studiere Landwirtschaft. Das ist etwas Reelles, mit dem ich zu Hause etwas anfangen kann«, gab er deshalb zur Antwort. Durch seltsame Verwicklungen hatte Matomora tatsächlich einen Studienplatz in Uganda zugeteilt bekommen.

Landwirtschaft in Uganda? Die Brüder dachten noch einmal neu nach. Und schon bald sagten sie klar und überraschend einvernehmlich: »Es ist besser, du bleibst hier. Jedenfalls in

Europa. Dann musst du das Abitur eben noch mal machen. Am besten in England, da kannst du dich noch einmal in denselben Fächern und in derselben Sprache prüfen lassen. In Deutschland müsstest du ja noch drei weitere Jahre zur Schule gehen.«

Die Brüder wollten ihn also nicht fallen lassen. Sie schienen weiter an ihn zu glauben, und vermutlich hatte auch Madevu ein Wort für seinen Schützling einlegen können. Das war ein Trost. Dennoch empfand Matomora die ganze Sache als eine herbe Zurückweisung. In Tansania war jeder Abiturient ein Held, eine Ausnahmeerscheinung, die gefeiert wurde. Hier in Europa war das Zeugnis, auf das er so lange gewartet hatte, auf einmal nichts mehr wert. Es war plötzlich »nur ein afrikanisches Abitur«, kein »richtiges«, mit dem man studieren konnte.

Am liebsten hätte sich Matomora gleich in den Zug nach Ostende gesetzt, um das neue Intermezzo hinter sich zu bringen, aber so schnell war Plan B nicht umzusetzen. Erst folgten die restlichen Wochen des Bibelschuljahres, dann ein sommerliches Praktikum beim Deutschen Institut für Ärztliche Mission (DIFÄM) in Tübingen, schließlich begann im Herbst ein neues Bibelschuljahr und erst in den Weihnachtsferien konnte sich Matomora auf den Weg nach England machen. Den Neujahrstag des Jahres 1967 feierte er schon in Bristol.

Bristol. Ein Ort, der an der Bibelschule Wiedenest seit mehr als hundert Jahren einen legendären Ruf besaß. Matomora kannte das Porträt von Georg Müller; es hing im Speisesaal. Aber bis dahin hatte er nicht gewusst, wer der so Geehrte war; dafür war er nicht lange genug in Wiedenest gewesen. Georg Müller war der Gründer der Waisenhäuser von Bristol. Im ersten Teil seines Lebens war er jedoch erst mal ein berüchtigter Hallodri und Betrüger aus Halle. Er bekehrte sich zum christlichen Glauben und reiste nach England, wo er sich den Brüdergemeinden anschloss. Ursprünglich hatte er sich in England nur auf seine Ausreise als Indien-Missionar vorbereiten wollen, aber als er nach einer Cholera-Epidemie die alleingelassenen und verwahrlosten Kinder in Bristol und Umgebung sah, blieb er in England und gründete, beginnend im Jahr 1836, nach und nach eine ganze Reihe von Waisenhäusern. Legendär war Georg Müllers Geschichte in Wiedenest, weil sie den Bibelschülern immer wieder als nicht endende, aber wunderbare Abfolge von größten materiellen Schwierigkeiten und plötzlichen, großzügigen Geschenken des Himmels erzählt wurde. Müller hatte es sich tatsächlich zum – wie er meinte, biblischen – Prinzip gemacht, nie Menschen um etwas zu bitten, sondern seine Bitten ausschließlich an Gott zu richten. Auf diese Weise ernährte er, beziehungsweise ernährten die Spenden der Vielen, die die Bedürfnisse der Einrichtung erkannten, ohne offiziell informiert zu werden, bis zu 2000 Kinder. Nach Müllers Zeit waren die Waisenhäuser in Form kleiner, selbstständiger »Häuser« organisiert worden, in denen jeweils eine Gruppe von etwa zwanzig Kindern von Hauseltern betreut wurde – eine aus heutiger Sicht sehr fortschrittliche Organisationsform.

Auch das *Bristol Technical College*, das Matomora für das nächste halbe Jahr besuchte, ging auf eine Gründung von Georg Müller zurück, obwohl es längst schon als staatliche Einrichtung etabliert war. Wenn Matomora am Sonntag zum Gottesdienst ging, war er wieder in einer Georg-Müller-Gründung. Und auch die Familie, in der Matomora wohnte, war ihm durch Wiedenester Kontakte vermittelt worden. Es hätte also ein Leben in einer so gut wie geschlossenen Welt werden können, an dessen Ende der Aspirant »unbeschadet« heimgefahren wäre. Aber das wurde es nicht. Zuerst einmal war England nicht Deutschland. Hier erschien Matomora alles viel altmodischer und weniger perfekt als in Köln, dem Bergischen Land oder Tübingen. Deutschland, das Land der Kriegsverlierer, war gerade erst neu aufgebaut worden. Häuser und Straßen waren neu, zumindest in den Städten. In England dagegen, dem Land der Gewinner, waren die meisten Häuser alt und verwohnt, vieles war schäbig, kaum etwas wirkte steril oder war rein funktional. Bevor Matomora nach Bristol kam, hatte er die erste Nacht in einem Londoner Hotel verbracht. Und siehe da – eine Ratte rannte durchs Zimmer, das Fenster schloss nicht und die Heizung blieb kalt. Fast wie in Tansania!, dachte Matomora glücklich. Unvollkommen, fehlerhaft – einfach menschlich.

Ein heimatliches Gefühl ergriff ihn auch in der Schule. Schon immer hatte er ja nach dem Schulsystem der Kolonialherren gelernt. Und vom Deutschlernen hatte er hier erst einmal Pause.

Und dann war da die Familie Wenham, bei der Matomora wohnte. Reverend John Wenham, der Vater, war Dozent am *Bible College Tyndale Hall*, ein Intellektueller, dessen Spezialthema die Apologetik war, die Auseinandersetzung des christlichen Glaubens mit seinen Kritikern. Daneben war er Altphilologe und Verfasser eines Standardlehrbuchs für neutestamentliches Griechisch. Bei Wenhams am Tisch wurde diskutiert, es durfte auch gestritten werden, die besten Argumente zählten, nie gab es ein »Das ist aber so. Punkt«. Eine völlig neue Erfahrung für Matomora. In Wiedenest wurden Fragen gestellt und dann die *richtigen* Antworten gegeben. In dieser Familie wurden Fragen gestellt und dann wurde um die Antworten gerungen, ohne dass das Ergebnis schon feststand. Der Glaube der Brüder war ein wasserdichtes Zelt. Der Glaube der Wenhams setzte sich Wind und Wetter aus. Matomora gefiel das.

Man konnte also Christ sein und sich intellektuell weiterentwickeln. Keine schlechte Perspektive.

Die Zeit in Bristol hatte nur einen Nachteil: sie war so kurz. Kaum hatte Matomora sich eingelebt und zum ersten Mal gemeinsam mit Wenhams etwas anderes als die Versammlung einer Brüdergemeinde, nämlich einige Gottesdienste der anglikanischen *Christ Church* besucht, da ging es in der Schule auch schon an die Prüfungen – und diesmal bestand er sie mit den geforderten Noten.

Jetzt also konnte es endlich ans Medizinstudium gehen! Den Sommer über verlängerte Matomora seinen Englandaufenthalt durch ein Krankenhauspraktikum in Bristol. Doch als der Herbst begann, begann auch wieder das Warten, verbunden mit dem täglichen angespannten Gang zum Wiedenester Brieffach. Diesmal fehlte das Zeugnis aus Bristol. Die Mühlen der britischen Bürokratie schienen nicht sehr viel schneller zu mahlen als die tansanischen. Als das Abiturzeugnis im Oktober immer noch nicht da war, begann Matomora mit seinem zweiten Bibelschuljahr. Das war an sich nicht schlimm, denn sich mit Theologie zu befassen, machte ihm nach den Erfahrungen in England noch mehr Spaß als zuvor, und auch Griechisch lernte er jetzt mit Freude. Aber eigentlich war er doch für etwas anderes gekommen ...

Endlich: das Abiturzeugnis war da – eins, mit dem man wirklich studieren durfte! Auf nach Köln! Die Universität der so tiefkatholischen wie lebensfrohen Domstadt hatten die Brüder natürlich nur wegen ihrer räumlichen Nähe zu Wiedenest auserkoren.

»Um in Deutschland Medizin zu studieren, müssen Sie mindestens das Kleine Latinum haben«, sagte die Dame, die mit den Unterlagen für die Einschreibung befasst war. »Außerdem sind fürs Sommersemester ohnehin schon alle Medizinplätze vergeben. Am besten fangen Sie fürs Erste mal mit Biologie an.«

Die Sekretärin blätterte angestrengt in Matomoras Papieren. »Sagen Sie mal: Haben Sie eigentlich schon die Deutschprüfung abgelegt? Ohne die kann ich Sie sowieso nicht einschreiben.«

KAPITEL 9

Achtundsechzig

G uten Tag, Herr Saidi!«
»Matomora. Ich bin Herr Matomora. – Guten Tag!«
»Saidi ist aber doch Ihr Nachname, das steht hier.«
»Saidi ist der Name meines Vaters. Ich heiße Matomora.«
»Den Namen Ihres Vaters vermerken wir nicht. Wie heißen *Sie* denn mit Nachnamen?«

»Bei uns gibt es keine Nachnamen. Ich heiße Matomora Kibwana Saidi ...« Matomora holte kurz Luft. Wenn er mit Mohamedi weitermachen würde, müsste er sicher lang und breit erklären, warum er Mohammed hieß, ohne Muslim zu sein. Also kein Mohammed. »Nehmen Sie Matomora als meinen Nachnamen.«

»Also zweimal Matomora – vorne und hinten?«

»Ja, wegen mir. Schreiben Sie Matomora K. S. Matomora. Das reicht.«

Endlich! Im Sommersemester 1968 war Matomora als Student der Universität Köln eingeschrieben, wenn auch nicht als Medizin-, sondern erst einmal als Biologiestudent. Immerhin ging es schon mal um das Leben – die Spezialisierung auf das menschliche würde folgen. Matomora nahm sich ein Zimmer in Zollstock, einem Stadtteil zwischen Autobahn und Güterbahnhof im Süden der Stadt, auch heute noch ein sehr bescheidenes Wohnviertel. Jetzt also, nach zwei Jahren in Deutschland, lebte er tatsächlich so, wie man es ihm vor seiner Abreise in Afrika von den Bewohnern der kalten Zone erzählt hatte:»Die Deutschen wohnen isoliert, in ganz kleinen Familien – manche sogar völlig allein!« Dieses Leben, von dem man ihm damals kopfschüttelnd erzählt hatte, gab es wirklich, und es war nun sein Leben. Und nicht genug, jetzt sollte er sich auch noch drei Monate in eine tote Sprache vertiefen, die Übernahmeprüfung für das Medizinstudium im Nacken, weil irgendwas ja immer noch zu prüfen übrig blieb ... Zum Glück war Frühjahr und selbst in Köln-Zollstock begann das eine oder andere Pflänzchen grün zu werden. Außerdem setzte sich Matomora ab und zu in eine Vorlesung an der medizinischen Fakultät, um wenigstens einen Vorgeschmack von dem zu bekommen, worauf er sich freute.

Das Frühjahr 1968 ist der Kern des 1968, das später legendär wurde – nicht nur in Deutschland. Der Vietnamkrieg erreichte mit der Tet-Offensive einen blutigen Höhepunkt. Der»Prager Frühling«ließ Hoffnungen auf einen»Sozialismus mit menschlichem Antlitz« aufkommen (die im August mit dem Einmarsch sowjetischer Truppen schon wieder zerstört wurden). In Polen demonstrierten Studenten. In Paris besetzten sie nicht nur die renommierte Universität La Sorbonne, sondern gleich das ganze Studentenviertel, das Quartier Latin. Es folgte ein Generalstreik, der auch die französische Industrie lahmlegte. In Deutschland verübten Andreas Baader und Gudrun Ensslin einen Brandanschlag auf ein Frankfurter Kaufhaus. In den

USA stand das Land nach dem Mord an Martin Luther King unter Schock, während das Musical »Hair« die Welt der Hippies der Welt des amerikanischen Militärs gegenüberstellte.

Matomora ging in diesem Frühjahr nicht zu Demonstrationen und nicht zu *Sit-ins* vor den Hörsälen. Er ging am Sonntag in die Brüdergemeinde und abends unter der Woche zur SMD, der Studentenmission in Deutschland, in der weder Marx noch Mao, sondern weiterhin die Bibel gelesen wurde. Überall sollte er von Afrika erzählen und »Zeugnis ablegen«, also berichten, wie es kam, dass er, ein muslimisch erzogener junger Mann, Christ wurde. Was sich politisch in Afrika tat, interessierte anscheinend nicht. Die Kolonialzeit war für Deutschland längst Vergangenheit, und anders als Frankreich, Belgien oder Portugal, blieb es der Bundesrepublik deshalb erspart, sich mit den Unabhängigkeitsbewegungen in den Ländern Afrikas auseinanderzusetzen. Nur wenige politisch Interessierte taten es dennoch, aber die versammelten sich im Allgemeinen weder in der Brüdergemeinde noch bei der SMD.

Bis auf einen. Und den lernte Matomora an einem der ersten Tage des Wintersemesters 1968 kennen. Das Latinum war geschafft, für die Prüfung zur Übernahme ins Medizinstudium hatte er monatelang gebüffelt – und dann war sie allen ausländischen Studenten erlassen worden. Nach dem Lernen, versteht sich; sie war also eher den Prüfern als den Prüflingen erlassen worden. Wie auch immer, die Freude war groß: jetzt konnte es also *wirklich* losgehen.

Eine der ersten Vorlesungen war allerdings wieder eine, die mit Biologie zu tun hatte. »Allgemeine Zoologie« war für Mediziner wie für Biologen im Grundstudium Pflicht. Der Hörsaal war dementsprechend voll, aber Matomoras schwarzer Kopf stach als einziger zwischen mehr als zweihundert weißen

Köpfen heraus. Das fiel Fred Heimbach auf, einem Biologen im ersten Semester, dem sogleich auch wieder sein ehemaliger Erdkundelehrer einfiel, ein »übrig gebliebener Nazi«. »Was ist der höchste Berg Deutschlands?«, hatte der seine Schüler in der sechsten Klasse gefragt. »Die Zugspitze?« – »Nein. Der Kilimandscharo!« Im Unterricht dieses Lehrers hatte Fred zum ersten Mal das Wort Tanganjika gehört. Und bald darauf folgte sein erster Kinobesuch. »Serengeti darf nicht sterben« hieß der Film, der sein Interesse an diesem Teil der Erde begründete. Es folgten unzählige Folgen von Bernhard Grzimeks »Ein Platz für Tiere« – und jetzt saß hier im Hörsaal offensichtlich ein »echter« Afrikaner. Wo der wohl herkam?

Ein paar Tage später ging Fred zu einem Treffen der SMD und sah auch hier einen einzigen schwarzen Kopf. Es war derselbe. Nach dem Ende der Veranstaltung sprach Fred Matomora an, und tatsächlich: Dieser Student kam aus dem Land, das allen Grzimek-Freunden inzwischen am Herzen lag: Tansania. Die beiden verabredeten sich sofort für ein Treffen. Fred hatte eine kleine Bude außerhalb von Köln, aber anders als Matomora das Privileg, am Wochenende nach Hause zu fahren und mit Fresspaketen beladen zurückzukommen, um der neuen Woche wohlversorgt entgegenzublicken. Gleich in den ersten Wochen wurde es zur Gewohnheit, dass Fred noch am Sonntagabend zu Mat fuhr – so nannte er ihn der Einfachheit halber –, um auf seinem Zimmer zu essen und stundenlang zu diskutieren. Fred war als Schüler politisch unbeleckt geblieben, aber jetzt als Student, in diesem Herbst 68, ließ er zusammen mit Matomora an der Uni wie im kleinen Zollstocker Zimmer alle Probleme der Welt auf sich einstürmen: Woher kommt die Ungerechtigkeit? Wer trägt die Verantwortung? Wie können sich die Völker des Südens befreien? Ist Gewalt legitim? – Zwei

Erstsemester saßen über Mutter Heimbachs Fresspaketen und fingen an, die Welt zu verändern, jedenfalls in ihren Köpfen.

Freds Mutter kam aus Essen und war eine geborene Deichmann, die Schwester von Heinz-Horst Deichmann. Ihr Bruder, eigentlich ein Orthopäde, hatte in den Fünfzigerjahren das väterliche, damals noch sehr bescheidene Schuhgeschäft in Essen-Borbeck übernommen und war inzwischen dabei, die Firma zum größten Schuheinzelhandel Europas zu entwickeln. »Onkel Heinz« hatte für Fred, dessen Vater früh gestorben war, schon vor Jahren die Rolle des Ersatzvaters übernommen. Die Familien fuhren gemeinsam in Urlaub und feierten auch Weihnachten miteinander im großen Deichmannschen Wohnzimmer.

»Komm einfach mit nach Essen«, lud Fred Matomora ein, als das Weihnachtsfest bevorstand. »Du willst doch den Heiligen Abend nicht in diesem Zimmer verbringen, oder?«

Matomora war lange genug in Deutschland, um zu wissen, dass das deutsche Weihnachtsfest ein geradezu intimes innerfamiliäres Geschehen war, in das einem Fremden nicht ohne weiteres Einblick gewährt wurde. Aber Fred redete ihm zu, und so konnte Matomora Weihnachten 1968 erleben, dass es auch in Deutschland eine Großfamilienkultur gab. Die Deichmanns waren zahlreich, jeder in der weit verzweigten Familie schien klassische Musik zu machen, und ein zusätzlicher Gast wäre kaum aufgefallen, wenn die Hautfarbe nicht doch dafür gesorgt hätte. Matomora genoss die geradezu afrikanischen Verhältnisse in dem großen Haus und kam kaum dazu, seine eigenen Eltern, Geschwister, Nichten und Neffen zu vermissen. Er gehörte einfach dazu, und als er sich nach einigen Tagen verabschiedete, konnte er sich schon auf das nächste familiäre Großereignis freuen: »Komm doch im Sommer mit uns in den Urlaub. Wir fahren immer zusammen in die Schweiz.«

Im August 1969 mit Fred Heimbachs Schwestern (rechts) und einer Verwandten in der Schweiz

Über Politik war an Weihnachten nicht gesprochen worden, über die Verhältnisse in Tansania aber durchaus. »Onkel Heinz«, wie er jetzt auch in Matomoras Gesprächen mit Fred hieß, interessierte sich als Arzt natürlich besonders für die medizinische Versorgung in Tansania, und er war begeistert, als Matomora ihm von seinem Versprechen erzählte, nach dem Studium in die Heimat zurückzukehren. »Ja, geh zu deinen Leuten zurück, das ist richtig!«

Was machten »seine Leute« eigentlich? Von Anne hörte er kaum noch etwas, aber er musste auch zugeben, dass er ihr lange

84

Mit Fred Heimbachs Mutter 1972 in Essen

nicht mehr geschrieben hatte. Von seiner Familie konnte kaum jemand mehr als den eigenen Namen schreiben; Post war da nicht zu erwarten. Nur von »seinem« Staatspräsidenten hörte er etwas. Julius Nyerere war nämlich mit Willy Brandt befreundet, dem deutschen Außenminister. Zwei Sozialisten und Idealisten, zwei Kinder aus einfachsten Verhältnissen, die schier unglaubliche Karrieren gemacht hatten – von ihrer Freundschaft und Zusammenarbeit konnte man ab und zu in der deutschen Presse lesen. Die Regierung der Großen Koalition unter Bundeskanzler Georg Kiesinger wurde in studentischen

Kreisen abgelehnt, nur Willy Brandt genoss einige Sympathien, obwohl er dieser Regierung angehörte. Und dieser Willy Brandt interessierte sich für Afrika, im April war er selbst nach Afrika gereist – während sein Sohn Peter bei Demonstrationen in Berlin gerade festgenommen wurde. Matomoras Interesse an Politik begann zu wachsen, auch wenn er sich zunächst mit keiner Gruppe richtig identifizieren konnte.

Doch eines Tages, Matomora hatte das Physikum bestanden und war schon im Hauptstudium, fand er die Gruppe, der er sich zugehörig fühlte und in der sein Engagement gefragt war: die Afrikanische Studentenunion (ASU). Hier traf er andere junge Afrikaner, denen die politische Entwicklung ihrer Heimatländer wichtig war – immer im Sinne einer Befreiung von westlicher Vorherrschaft und mit klar sozialistischer Ausrichtung. ASU-Präsident Somé war aus Obervolta, dem heutigen Burkina Faso, der Schatzmeister war Tansanier, und bald schon wurde Matomora Generalsekretär. Daneben existierte eine eigene tansanische Organisation, die TASU (Tansanische Studentenunion), in der Matomora das Amt des Präsidenten übernahm. Im Kreis von ASU und TASU konnte er alles durchdiskutieren, was in diesen aufregenden Jahren passierte – und die eher unpolitischen Medizinstudenten und die meist konservativ denkenden SMDler nicht interessierte. Bis auf Fred schien es keine Schnittmenge zwischen der »frommen Welt« und der politischen Welt zu geben.

Fünf Jahre war Matomora schon in Deutschland, als er Tansania zum ersten Mal wiedersah. Das Flugticket hatte er sich durch einen Ferienjob bei Bayer in Leverkusen erarbeitet. Und nicht nur seine Heimat, sondern auch Anne sah er wieder, aber nicht im Süden, sondern in Dar es Salaam, wo Anne seit einiger

Zeit als Sekretärin bei einer Firma arbeitete. Ja, sie hatten sich vor langer Zeit die Ehe versprochen, aber die Welten, in denen sie nun lebten, lagen nicht nur auf der Landkarte Tausende Kilometer voneinander entfernt. Beide spürten die Entfremdung. Und ohne dass sie es laut aussprachen, wussten sie, als sie sich nach einem kurzen Treffen wieder trennten: Wir lassen einander die Freiheit, den eigenen Weg zu gehen. Erleichtert, aber auch traurig verabschiedeten sie sich.

Zwei Ereignisse, von der deutschen Öffentlichkeit nur am Rande bemerkt, erschütterten in den folgenden Jahren die afrikanische *Community* an der Kölner Hochschule und zeigten, wie gefährlich und notwendig der Kampf für die Unabhängigkeit afrikanischer Länder nach wie vor war – und wie gefährdet die neuen Demokratien. Abeid Amani Karume, ein sansibarischer Scheich, hatte schon 1957 eine Partei gegründet, um auf der Insel die Interessen der schwarzafrikanischen Mehrheit zu vertreten. Nach wie vor wurde die Politik auf Sansibar nämlich von Arabern und Indern dominiert, der einflussreichen Minderheit. Nach der Revolution, die die bisherige Elite gewaltsam um Hab und Gut brachte, wurde Karume Präsident der Volksrepublik Sansibar, die sich bald darauf mit Tanganjika zum Staat Tansania vereinigte. Karume wurde zum ersten Vizepräsidenten Tansanias unter Julius Nyerere. Nun, im April 1972, war er mitten in Sansibar-Stadt ermordet worden. Er hatte ein exzentrisches Leben geführt, und vielleicht war auch dies – und nicht seine politische Haltung – der Grund für den Mord. Aber in den Augen der ASU war er vor allem ein großer Sozialist gewesen, der Afrika fehlen würde.

Nur neun Monate später wurde Almícar Cabral ermordet, ein kapverdischer Unabhängigkeitskämpfer. Portugal war eine Diktatur, die auch Anfang der Siebzigerjahre noch nicht daran dachte, ihre Kolonien in die Unabhängigkeit zu entlassen. Die Kapverden wurden, genau wie Mosambik, Angola, Guinea-Bissau und kleinere Inselreiche, nach wie vor von Lissabon aus regiert. Cabral hatte die Sache der Kapverden und Guineas vor den Vereinten Nationen vertreten, 1970 sogar eine Privataudienz bei Papst Paul VI. erhalten und vor europäischen Parlamenten gesprochen. Er war ein Intellektueller, der von der Sozialistischen Internationale geschätzt und zum persönlichen Freund Olof Palmes und François Mitterrands wurde. Das portugiesische Militär hatte schon mehrfach versucht, ihn aus dem Weg zu schaffen, aber nun war es ihm gelungen: Als Cabral und seine Frau an einem Januartag im Jahr 1973 vor der Tür ihrer Wohnung einem Offizier der portugiesischen Marine gegenüberstanden und Cabral sich nicht fesseln lassen wollte, erschoss der Offizier ihn kurzerhand.

Cabral hatte im Denken der ASU eine wichtige Rolle gespielt, und in der Trauer und Wut, die dem Attentat folgten, entschloss sich Matomora als Sekretär der ASU, ein *Sit-in* vor der Universität zu veranstalten. Er war jetzt nicht mehr nur Sympathisant und gelegentlicher Teilnehmer bei sogenannten linken Aktionen, er war nun selbst Aktivist.

Was die Wiedenester Bibelschullehrer und Missionare wohl davon hielten?

KAPITEL 10

Glaube und Politik?

D ie Landesfrauenklinik in Wuppertal war nicht gerade
ein Schmuckstück der Stadt. Der Bau aus der Jahrhun-
dertwende war zu Beginn der Siebzigerjahre sichtbar in
die Jahre gekommen. Lange Flure, in denen die Schritte hallten,
und hohe, weiß getünchte Zimmer hielt man für das passende
Ambiente, um neues Leben zu begrüßen. Keine Spur von dem
heimeligen Gefühl, das »*Rooming-in*-Eltern« gute zehn Jahre
später einfordern würden. Und doch fand Matomora, der hier
ein Praktikum machte und zum ersten Mal als fast schon »rich-
tiger« Mediziner in einem weißen Kittel unterwegs war, diesen
Ort traumhaft – verglichen mit dem Krankenhaus in Tunduru.
Täglich musste er an die Bedingungen denken, unter denen
die Frauen dort ihre Kinder gebaren. Natürlich war eine Kran-
kenhausgeburt in Tansania ohnehin eine seltene Ausnahme.
Wenn eine Frau in den OP gebracht wurde, hatte die Geburt
in aller Regel schon einen katastrophalen Verlauf genommen,
sonst wäre die Mutter ja zu Hause geblieben. Eigentlich war
alles zu spät, man hätte Tage oder Stunden vorher eingreifen
müssen. Wenn Mutter und Kind Glück hatten, war es noch

möglich, einen Kaiserschnitt einzuleiten. Manchmal waren die Ärzte schon froh, wenn sie nur das Leben der Mutter retten konnten. Oder das Leben des Kindes, das nun ohne Mutter aufwachsen würde. Schon als Junge hatte Matomora von Müttern und Kindern, die bei der Geburt starben, nicht nur gehört, sondern solche Dramen auch in der Nachbarschaft miterlebt. Hier aber, in Wuppertal, diskutierte man mit den werdenden Eltern in aller Ruhe und lange vor der Geburt, ob ein Kaiserschnitt oder eine natürliche Geburt das Beste sein würden. Die Frauen waren durch Geburtsvorbereitungskurse über den Ablauf aufgeklärt, eine ganze Weile vor der Geburt und eine ganze Reihe von Wochen nach der Geburt waren sie von ihren beruflichen Pflichten befreit und hatten nichts anderes im Sinn als das Wohlergehen des Babys. Und wenn es tatsächlich einmal dramatisch wurde, dann stand neben den technisch hochgerüsteten Kreißsälen ein noch perfekterer Operationssaal zur Verfügung, Fachleute wurden zusammengerufen, in Nullkommanichts konnte der Kaiserschnitt beginnen und das Kind, wenn es denn notwendig wurde, mit einem ebenfalls gut ausgestatteten Rettungswagen in eine Kinderklinik gebracht werden. Jedes Leben zählte, um jede Geburt wurde »ein Aufhebens gemacht«, wie es in Afrika nicht für zehn Geburten vorstellbar gewesen wäre.

Wenn Matomora »Onkel Heinz« traf, erzählte er ihm davon, wie er diesen Kontrast erlebte.

»Wenn du zurückgehst, wirst du selbst etwas an den Zuständen in Tunduru ändern können«, ermutigte ihn Heinz-Horst Deichmann. »Aber vielleicht kann man ja auch jetzt schon etwas tun, um deinen Leuten zu helfen?«

»Wie stellst du dir das vor?«

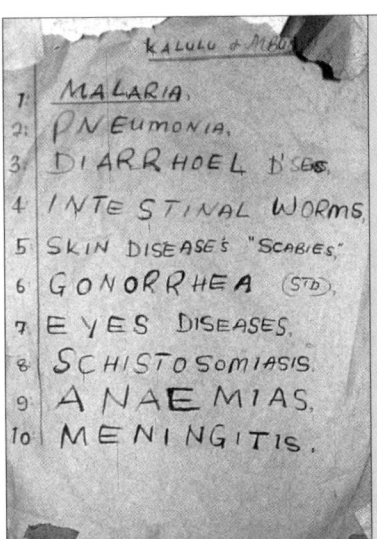

Die Liste der Krankheiten, die in Matomoras Heimatdorf Kalulu diagnostiziert wurden, in der Reihenfolge ihrer Häufigkeit

»Erkundige dich doch mal bei der tansanischen Botschaft in Bonn, ob sie was dagegen hätten, wenn ich gezielt für die medizinische Versorgung in deiner Heimat Geld zur Verfügung stellen würde.«

Was für eine seltsame Aufgabe: Ein afrikanischer Medizinstudent soll die Vertretung seines Landes fragen, ob es recht wäre, wenn er einen sechsstelligen Betrag zur Unterstützung seiner Heimat vermitteln würde ...

Es war recht, genauer: es wäre recht und sehr willkommen gewesen, wenn das Geld in den einen, großen tansanischen Topf hätte fließen dürfen. Über die Verwendung des Geldes wollte der beschenkte Staat nämlich gern selbst entscheiden. Das aber war »Onkel Heinz« nicht recht, und so suchte er einen anderen Weg.

»Die Missionare in deiner Heimat, durch die du Christ geworden bist, die arbeiten doch auch jetzt schon im medizinischen Bereich. Vielleicht könnte ich mit ihnen eine Unterstützung vereinbaren?«

Wieder übernahm Matomora die Rolle des Boten mit überraschender Nachricht und reiste nach Wiedenest. Und diesmal entstand tatsächlich eine Zusammenarbeit, wenn auch anders als zunächst gedacht. Mit Mitteln aus dem Deichmannschen Vermögen wurde fortan den Kindern der afrikanischen Pastoren – die es dort tatsächlich inzwischen gab – ermöglicht, in Mbesa eine handwerkliche Ausbildung zu machen. Ein relativ bescheidenes Projekt, schließlich ging es ja nur um eine Handvoll Pastorenkinder, weshalb Deichmann gleich auf eine Ausweitung der Arbeit drängte und eine Schule gründen wollte: eine Schule für hundert Kinder. Wenn schon, denn schon. »Der Doktor«, wie er in seinem immer weiter wachsenden Schuh-Imperium genannt wurde, wollte auch in seinem wohltätigen Engagement nicht kleckern.

Hundert Kinder auf dem Gelände der Mission? Die Missionare waren dankbar für jede Unterstützung, aber hundert Kinder aus Mbesa und Umgebung, das hieß ja in der Praxis, das Gelände mit hundert Ungläubigen zu teilen! Das war dann doch etwas viel verlangt und so beharrten sie auf einer verkleinerten Version des Projekts. Heinz-Horst Deichmann war frustriert. Jedes Jahr würden die Missionare also zig Kinder abweisen müssen. Da engagierte er sich lieber verstärkt in Indien, wo man bereit war, großzügiger zu planen und auch gewagte Ideen mutig umzusetzen.

1973 konnte Matomora selbst in Augenschein nehmen, was sich in Tunduru getan hatte. Er reiste zum zweiten Mal nach Tansania, besuchte die deutschen Missionare, seine Eltern und die immer größer werdenden Familien seiner Geschwister. Und er sah Anne wieder. Aber nicht nur Anne, sondern auch deren dreijährige Tochter. Den Vater des Kindes lernte er nicht kennen, und Anne sprach auch nicht von ihm. Matomora fragte nicht nach. Ganz offensichtlich war Anne die Beziehung nicht freiwillig eingegangen.

Ob sie manchmal noch an das Versprechen dachte, das die beiden sich vor bald zehn Jahren gegeben hatten? Auch danach fragte Matomora nicht, genauso wenig, wie Anne ihn fragte, ob er nicht nach sieben Jahren in Deutschland längst eine deutsche Freundin habe. Wahrscheinlich spürte sie, dass er selbst nach all der Zeit in der Fremde noch Afrikaner genug war, um nicht über Gefühlsdinge zu reden – schon gar nicht mit einer Frau, selbst wenn diese (beinahe?) seine Frau geworden wäre.

Ursprünglich wollte Fred Matomora bei dieser Reise begleiten, aber dann hatte er geheiratet, und nun war er als werdender Vater mit dem »Nestbau« beschäftigt. Überhaupt sahen sich die einstmals nahen Freunde seltener, und ihr Kontakt wurde noch spärlicher, als Matomora nach Heidelberg zog, um sich dort auf das Erste Staatsexamen vorzubereiten. Von Heidelberg nach Köln war es weit, und beide brachten nur noch selten die Energie auf, am Leben des anderen teilzunehmen. Zur räumlichen Distanz kam die Tatsache, dass sie mit ganz verschiedenen Dingen beschäftigt waren. Fred arbeitete an seiner Doktorarbeit und kümmerte sich um Strafgefangene und um seine Familie, Matomora wurde immer politischer. Um sich in Heidelberg zu orientieren, brauchte er nicht lange: Ein einziges Mal ging er zum Gottesdienst der Heidelberger Brüdergemeinde. Der predigende Bruder wetterte anderthalb Stunden lang auf die Gleichberechtigung der Frau und schärfte seinen Zuhörern ein, sich von dieser neumodischen und unbiblischen Idee nicht verführen zu lassen. In der Woche darauf besuchte Matomora die Evangelische Studentengemeinde (ESG), wo er sich schon bald zu Hause fühlte, genau wie beim Komitee Südliches Afrika (KSA). Besonders in der ESG wurden Politisches und Christliches ohne Probleme miteinander verknüpft, ja, das eine schien ohne das andere gar nicht vorstellbar zu sein. Die Entwicklung in den Ländern, die immer noch Kolonien waren, stand Mitte der Siebzigerjahre im Zentrum des Interesses – besonders bei den afrikanischen Studenten, aber auch bei vielen anderen, die in diesen Jahren lernten, über den Tellerrand zu blicken. Zu diesen Ländern gehörte auch Mosambik als von Portugal regierte Kolonie, ein Land, dessen Nordgrenze an Tunduru grenzte. Natürlich beobachtete auch Matomora die Entwicklung im Nachbarland mit Spannung. Verschiedene Befreiungsbewegungen hatten sich in Dar es Salaam, also im längst unabhängigen Tansania, zu einer Partei zusammengeschlossen, die sich FRELIMO nannte: *Frente da Libertação de Moçambique*, Mosambikanische Befreiungsfront. Sie war stramm marxistisch-leninistisch ausgerichtet – und: Sie wurde vom Weltkirchenrat unterstützt.

Kirchliche Gelder für eine linke Befreiungsbewegung? Der Protest konservativer Christen ließ nicht lange auf sich warten, und selbst im politisch desinteressierten Wiedenest wurde man hellhörig: Was machte eigentlich Matomora? In einer Brüdergemeinde war er schon lange nicht mehr gesehen worden, und die ESG konnte man ja wohl kaum noch als christliche Gemeinschaft betrachten, nach allem, was man hörte ...

Im Frühjahr 1974 wurde Matomora nach Wiedenest zitiert.

»Mein lieber Matomora, ich hoffe, du hast dir einen klaren Blick bewahrt«, lenkte der Leiter des Missionswerks das Gespräch nach einer kurzen Aufwärmphase auf den Grund ihres Treffens. »FRELIMO ist kommunistisch und steht damit in Gegnerschaft zum Christentum. Das kann für uns als Christen ja wohl nur bedeuten: Finger weg! Wir unterstützen dich, und wir haben es immer gern getan. Aber um es weiter tun zu können, müssen wir uns ganz sicher sein, dass du dich nicht von diesen Leuten indoktrinieren lässt. Wir möchten, dass du klar Stellung beziehst: Wie stehst du zu FRELIMO und was hältst du davon, dass der Weltkirchenrat diese Partei unterstützt?«

Der Missionsleiter zog ein Blatt aus seiner Mappe.

»Nimm es uns nicht übel, aber wir müssen dich bitten, eine Unterschrift zu leisten: Hier, in diesem Papier, wird der Weltkirchenrat wegen seines Einsatzes für FRELIMO verurteilt. Wenn du unterschreibst, ist die Sache klar, und wir können uns weiterhin auf den Tag freuen, an dem du als Arzt nach Tansania gehst.«

Während der ersten Sätze des Missionsleiters hatte Matomora noch freundlich-fragend geblickt: Worauf wollte er hinaus? Aber als die Katze aus dem Sack war, musste er erst einmal tief durchatmen, um nicht die Fassung zu verlieren.

»Sie können mir nichts sagen«, war der erste Satz, den er herausbrachte. »Die Leute, die dort in Mosambik für ihre Freiheit kämpfen, sind meine Leute, genau wie die, denen ich später in meiner Heimat helfen möchte. Auch mein Einsatz in der ESG dient letztlich ihnen.«

Matomora machte eine kleine Pause.

»Ich verkaufe nicht meine Leute, nur weil Sie mich sponsern!«, brach es schließlich aus ihm heraus.

Der Missionsleiter senkte die Augen, schaute auf das Blatt, schob es mit beiden Händen genau auf die Mitte der schwarzen Mappe und setzte sich noch etwas aufrechter hin. Im Zweiten Weltkrieg hatte er als Offizier gedient, und auch danach war es stets seine Aufgabe gewesen, junge Menschen zu führen. Selten war jemand so frech geworden wie dieser afrikanische Student, der doch ganz und gar von der Freundlichkeit und Großzügigkeit deutscher Spender lebte. »Undank ist der Welt Lohn«, ging es ihm durch den Kopf. Hätten sie als Missionswerk vielleicht schon früher ahnen können, dass das »Projekt Matomora« kein gutes Ende nehmen würde?

»Meine Frau würde dich gern mal wieder sehen«, sagte er schließlich. »Lass uns rüber in unser Haus gehen.« Er seufzte. Vermutlich war eine Tasse Kaffee das Einzige, was man dem Verbohrten noch anbieten konnte.

Im Sommer 1975 legte Matomora das Erste Staatsexamen ab. Bald darauf wurde er zu einem zweiten Gespräch nach Wiedenest eingeladen. Als er den Konferenzraum betrat, begriff er sofort, dass man den schwierigen Fall diesmal offensichtlich nicht dem Missionsleiter allein überlassen wollte. Ein großes Gremium füllte den Raum. Ohne lange Vorrede kam man zur Sache:

»Du kannst nicht nach Mbesa zurückgehen, Matomora. Wir haben lange darüber nachgedacht und uns die Entscheidung nicht leicht gemacht. Letztlich ist es eine Frage nach deinem Glauben: Willst du nach Tansania zurück, um dort Menschen für Jesus zu gewinnen, oder willst du sie politisch beeinflussen? Ist es überhaupt noch die Sache der Mission, die dich antreibt?«

Auch Matomora hielt sich nicht lange mit Höflichkeiten auf, und auf diplomatisches Taktieren hatte er schon gar keine Lust: »Was soll diese Sitzung!? Wollen Sie meinen Glauben prüfen? Hat irgendjemand Ihnen erzählt, dass ich Probleme damit habe? Wenn das so ist, dann soll ein Bruder mit mir reden, denn dann gehört das in ein seelsorgliches Gespräch. Seelsorge ist die eine Sache, meine Anstellung als Arzt in Mbesa ist eine andere Sache. Wenn Sie das miteinander verknüpfen, ist das ...«, Matomora schaute einige der stirnrunzelnden Männer direkt an, »... dann klingt das für mich nach Inquisition.«

Ein Raunen ging durch die Runde. Da hatte einer offensichtlich keine Angst, mit harten Bandagen zu kämpfen. Glaubte er denn, er hätte nichts zu verlieren?

Auch Matomora fiel das Wort Angst ein, während beide Seiten schwiegen. Hatten die Brüder in Mbesa vielleicht Angst, als Dr. Matomora könnte er bei den afrikanischen Patienten bald mehr Autorität haben als sie?

Wie auch immer. Zu diskutieren gab es hier nichts mehr; die Sache war ja schon entschieden gewesen, bevor er den Raum betrat. Das verirrte Schaf war nicht mehr zu retten. Nun musste es selber schauen, wo es blieb.

Wer von alledem nichts ahnte, war die Gemeinde in Mbesa. Sie wurde über die Entscheidung der Brüder in Wiedenest nicht informiert.

KAPITEL 11

Zwischenbilanz

Es war wie ein zweites Erwachsenwerden. Beim ersten Erwachsenwerden hatten ihm die Brüder in Mbesa und Tunduru geholfen, allen voran Madevu. Damals war er aus dem herausgewachsen, was das Dorf ihm mitgegeben hatte, aus dem Glauben der Vorfahren und den Traditionen der Familie. Jetzt war er offensichtlich aus dem herausgewachsen, was die Mission für ihn vorgesehen hatte, was sie in ihm sah. Vielleicht hatten die Brüder in Wiedenest das ja nur eher erkannt als er selbst?

In den Wochen, die dem Bruch folgten, fielen Matomora immer wieder Szenen aus seinem letzten Schuljahr in Songea ein. In der Schule war im Unterricht viel und kontrovers diskutiert worden, schließlich war sie vom Stil der britischen Kolonialherren geprägt gewesen. Wenn Matomora dann in den Ferien zu den Missionaren kam, hatte er immer einen ganzen Sack Fragen im Gepäck. Glaubten Christen und Muslime wirklich immer noch, dass die Erde platt wie ein Tisch ist, wo man doch in der Schule lernte, dass sie eine Kugel ist?

Hatten sie, die weißen Christen, eine Lösung für den angeblichen Widerspruch zwischen Schöpfung und Evolution? Matomora erwartete von Madevu und den anderen eine Art geistiges *Leadership*, manchmal forderte er es geradezu ein. Diese Männer hatten doch eine europäische Bildung genossen! Es dauerte eine ganze Weile, bis er begriff, dass nicht jeder, der einen deutschen Schulabschluss hat, ein Intellektueller ist, der sich mit Philosophie, Politik und Geistesgeschichte auseinandersetzt und gerne diskutiert. Die Missionare hatten, mit Ausnahme von Dr. Stein, ein Handwerk gelernt, und ihre praktischen Fähigkeiten waren es ja auch, die hier gebraucht wurden. Wer in dieser Weltgegend schlug sich schon mit den Fragen herum, die Matomora bewegten? Das Gros der Leute war glücklich, dass die Missionare eine Ambulanz mit wasserdichtem Dach gebaut hatten und in der Lage waren, verfaulte Zähne zu ziehen.

Immer wieder stellte Matomora fest, dass die Missionare wunderbar hilfsbereite Menschen waren, aber keine Gesprächspartner, die ihn in seinem Nachdenken weiterbrachten. Am besten konnte er sich mit einem Missionar unterhalten, der Elektriker gelernt hatte. Aber auch der schaute Matomora oft mit offenem Mund an: Warum machte sich der Junge das Leben so schwer?

Auch in der Bibelschulzeit war es nicht um Bildung, sondern um Ausbildung gegangen. Nur was einem konkreten Zweck diente, durfte Zeit beanspruchen. Und doch hatte Matomora etwas von der Faszination der Theologie gespürt, einem Fach, für das keine Frage zu groß oder zu schwierig schien. Eine Weile hatte er sogar mit dem Gedanken gespielt, an der Universität »richtig« Theologie zu studieren, damals, als er an der Bibelschule eine Hausarbeit über Gottesvorstellungen im Islam und im Christentum schrieb. Aber die Universitätstheologie hatte in Wiedenest einen schlechten Ruf, und es stimmte ja auch, dass er wegen der Medizin nach Deutschland gekommen war und schon genug Zeit mit anderen Dingen verbracht hatte. Seinem eigenen Nachdenken wollte er trotzdem keine starren Grenzen setzen. – Jetzt hatte er die Quittung.

Eines tröstete Matomora: Madevus Solidarität hatte er niemals verloren. Er war vor einiger Zeit mit seiner inzwischen sechsköpfigen Familie nach Deutschland zurückgekehrt und lud ihn hin und wieder zu sich ins Bergische Land ein. Er stand zu ihm, was auch immer sein ehemaliger Schützling ihm erzählte und ob er das, was er erzählte, nachvollziehen konnte oder nicht. Matomora war für Madevu und seine Frau wie ein Sohn, dem man nicht die Tür weist, auch wenn er seltsame Wege geht. Wenn er mit den beiden am Tisch saß, konnte er kritische Fragen stellen. Eine befriedigende Antwort bekam er oft nicht, aber es sagte auch keiner: Glaubst du denn nicht mehr?

Madevu verdankte er viel, wie auch manchem von dessen Mitbrüdern. Wenn sie nicht bereit gewesen wären, in eine der abgelegensten Gegenden Afrikas zu gehen, wäre er wohl kaum Christ geworden, hätte er wohl kaum jemals Europa gesehen und all die Chancen geboten bekommen, die jetzt sein Leben so reich machten. Matomora war dankbar, auch wenn dieses Gefühl einige Wochen brauchte, bis es wieder an die Oberfläche kam. Viele Menschen hatten im Rahmen ihrer äußeren, aber auch ihrer inneren Möglichkeiten getan, was sie konnten. Diese Zeit war nun vorbei. Er war jetzt frei – und er war allein. An keine Organisation gebunden, an keine Gemeinde, an keine Frau ... Woran war er überhaupt gebunden? Gab es ein Versprechen, das er halten musste? Hatte er eine Berufung, die unabhängig von dem war, was er vor Jahren in Mbesa unterschrieben hatte?

Matomora war dreißig Jahre alt, als er noch einmal den Kompass zur Hand nehmen musste, um seine veränderte Position zu bestimmen:

Er war ein ausgebildeter Mediziner, der am Anfang der praktischen Ausbildung stand. Er freute sich auf die Praxis und hatte schon alles eingefädelt, um in den verschiedenen Kliniken der Umgebung zu famulieren.

Er konnte die deutsche Staatsangehörigkeit beantragen und in Deutschland bleiben, Geld verdienen, Karriere machen, ein Haus bauen ...

Er war ein gut aussehender Single und lernte immer wieder junge deutsche Frauen kennen, die sich gut vorstellen konnten, ihr Leben mit ihm zu teilen.

Wenn er seine Chancen ergriff, würde er eines Tages ein »Negerkuss« sein: außen schwarz und innen weiß. Vermutlich erfolgreich, immer ein bisschen exotisch ... Warum nicht?

Und doch wusste Matomora in seinem Innersten, dass er diesen Weg nicht gehen wollte. Das Wort »Berufung« schien ihm zu hochtrabend und klang in seinen Ohren außerdem zu sehr nach der Frömmigkeit der Brüder. Aber der Begriff beschrieb doch genau das, was er spürte. Es war ein Gefühl oder genauer: ein Wissen, das er sogar schon als Schüler, vor seiner Bekehrung zum christlichen Glauben, gekannt hatte: Du hast eine Aufgabe, die auf dich wartet. Nun kam ein zweites Wissen oder zumindest eine Ahnung dazu: Die Aufgabe, die vor dir liegt, wirst du mit einer weißen Frau nicht erfüllen können, denn das Leben, das dich erwartet, kannst du niemandem zumuten, der es nicht von Kind an gewohnt ist. Heimweh war nicht bei dem, was seine Gedanken und Gefühle bestimmte, nur die klare Erinnerung an Szenen des Elends, das er in den ersten zwanzig Jahren seines Lebens so oft vor Augen gehabt hatte. Krankheit, früher Tod, Mangel und Angst waren allgegenwärtig gewesen. Für ihn war diese Zeit Vergangenheit, für die Menschen seiner Heimat war sie immer noch Gegenwart.

Matomora suchte sich einen Doktorvater und ein Thema: »Die Geschichte der Medizin in Tansania«. Statt einer in der Medizin möglichen und üblichen Schnellschuss-Promotion wollte er die Sache gründlich angehen und auch in Tansania selbst Daten sammeln. Daneben begann die Ausbildung in den einzelnen Fachbereichen: von der Hautklinik in Heidelberg über »Narkose« in Sinsheim und »Innere« in Weinheim bis zur »Chirurgie« in Ludwigshafen. Wer sich für Medizin in afrikanischen Ländern interessiert, kann bekanntlich alles gebrauchen, denn die Möglichkeit, einen Patienten kurzerhand zum kompetenteren Kollegen zu überweisen, gibt es fast nirgends.

Der Chef des Tropeninstituts der Heidelberger Universität, Professor Hans-Jochen Diesfeld, stellte Matomora schließlich ein, und für die letzten Arbeiten an der Dissertation stellte das in München ansässige Deutschland-Büro von AMREF Geld zur Verfügung. Es gab also auch außerhalb der Wiedenester Welt Menschen und Organisationen, die den jungen Arzt gerne förderten – eine gute Erfahrung und ein beruhigendes Gefühl. AMREF, die *African Medical and Research Foundation* war (und ist bis heute) eine Nichtregierungsorganisation, die sich zum Ziel gesetzt hat, in Ostafrika einen flächendeckenden Basisgesundheitsdienst aufzubauen, und zwar mit einheimischen Fachkräften – also ganz im Gegensatz zu der Strategie, die die Wiedenester Missionare gewählt hatten. Ein Schüler von Albert Schweitzer, Sir Michael Wood, hatte schon 1957 die Idee zu dieser Einrichtung und gründete die Gesellschaft zunächst als *Flying Doctor Service*. Entlegene Buschhospitäler wurden fortan durch den Aufbau eines landesweiten Funknetzes und die Anschaffung von Leichtflugzeugen mit »fliegenden

103

Chirurgen« versorgt. Über die Jahrzehnte entstand daraus die größte medizinische Hilfsorganisation des afrikanischen Kontinents, zu der die am besten ausgebildeten und erfahrensten Mediziner Afrikas gehörten. Bei AMREF zu arbeiten, wäre durchaus eine Möglichkeit gewesen, aber so innerlich frei fühlte sich Matomora – noch – nicht. Hätte seine Anstellung dort den Brüdern nicht die Botschaft gesendet: Seht her, ich bin ein Ungläubiger geworden, dem es »nur« noch um die medizinische Versorgung meiner Landsleute geht?

Im Frühjahr 1979 wusste Matomora, was er wollte: zurück nach Tansania, und zwar in ein kirchliches Krankenhaus – immerhin hatte eine kirchliche Organisation ihm sein Medizinstudium in Deutschland ermöglicht. Er buchte einen Flug, eine Anstellung hatte er nicht. Aber immerhin spürte er eine innere Überzeugung: Dieser Weg war richtig, und die Stelle würde sich schon finden.

Sie fand sich, und zwar fast genau im geografischen Mittelpunkt des Landes, im Kilimatinde Hospital der Anglikanischen Kirche. Kilimatinde war, mit europäischen Augen gesehen, eher ein Dorf als eine Stadt, und wenn man wie Matomora gerade aus Heidelberg oder Köln kam, wirkte es eher wie eine zufällige, ungeordnete Ansammlung kleiner Häuser. Ohne erkennbares Zentrum, ohne Marktplatz, aber immerhin mit einer Schule, einer kleinen Kirche und einem Krankenhaus. Jede Art von Abwechslung fehlte, aber Arbeit gab es genug. Deshalb war er ja hier.

Es war ein bewegender Moment, als Matomora nach dreizehn Jahren in Europa seinen ersten Arbeitstag als leitender medizinischer Mitarbeiter eines afrikanischen Krankenhauses antrat. Er war zurück in seiner Heimat, auch wenn Kilimatinde weit von zu Hause entfernt war. Vom ersten Tag an brachte man ihm großen Respekt entgegen, und der war angesichts seiner Aufgaben und seiner Verantwortung nicht übertrieben: Matomora war für die medizinische Versorgung eines ganzen Distrikts zuständig, er wollte aber auch seine Studien in Sachen *Public Health* vorantreiben, und an zwei Tagen in der Woche stand er selbst am OP-Tisch und operierte zwölf bis vierzehn Stunden lang: viele Notfälle, von Kaiserschnitten bis Blinddarmoperationen, aber auch geplante Eingriffe. Wenn er abends gegen elf Uhr auf sein Bett fiel, war er viel zu müde, um sich über den mangelnden »Freizeitwert« von Kilimatinde Gedanken zu machen. Er konnte froh sein, wenn er nicht noch einmal aus dem Bett gerufen wurde. Aber auch das kam vor. Und an Tagen, an denen ihm nichts erspart blieb, konnte es passieren, dass der Patient noch aus seiner Hütte zum Krankenhaus transportiert werden musste – vom Arzt, versteht sich. Von einem Rettungswagen mit ausgebildeten Sanitätern konnte man hier nur träumen. Einmal war ihm in einer solchen Nacht auch noch eine Gazelle ins Auto gelaufen. Nach dem ersten Ärger hatte er sich dann aber eine Woche lang über täglichen Braten freuen können.

Wenn es ruhig blieb, dachte Matomora noch über diesen oder jenen Fall nach, über Geräte und Medikamente, die im Krankenhaus fehlten, und darüber, wie die Krankenhäuser in Europa ausgestattet waren. Und er dachte an Anne. Ob sie noch in Tunduru war oder schon an einem anderen Ort lebte? Ihre Tochter musste jetzt neun Jahre alt sein. Und das Versprechen, das sie sich als Schüler gegeben hatten, würde bald zwanzig Jahre alt werden. Er selbst war 35. Wenn er Glück hatte und die europäische statt der afrikanischen Lebenserwartung ins Auge fassen durfte, war er auf der Hälfte angekommen. Er war zurück in Afrika. War er endlich »angekommen«?

KAPITEL 12

Wege und Weichen

Einen Tag vor Heiligabend, am 23. Dezember 1979, heirateten Anne und Matomora. Obwohl Matomora noch nicht lange in Kilimatinde war und Anne außer ihrem Bräutigam hier keinen Menschen kannte, war die anglikanische Kirche voll besetzt. Pastor Canon Cidosa traute das Paar, und bis in die frühen Morgenstunden wurde mit Tänzen und Gesängen gefeiert. Auch fünf Weiße waren unter den Gästen: Außer den drei deutschen Kollegen, die Matomora in Kilimatinde vorgefunden hatte, waren zwei deutsche Freunde aus Heidelberg zum Fest bis in den afrikanischen Busch gereist. Die herzliche Aufnahme am noch etwas fremden Ort, Anne, seine Jugendliebe, an seiner Seite, ihre Bereitschaft, die Großstadt Dar es Salaam zu verlassen, um sein anstrengendes Leben im dörflichen Kilimatinde zu teilen – Matomora erlebte den Tag seiner Hochzeit als eine Bestätigung des Himmels, dass sein Platz und seine Zukunft in Afrika waren.

Mit der Heirat wurde Matomora außerdem vom Single zum Familienvater. Und das einen Tag vor Weihnachten. Zu einem afrikanischen Familienvater, wohlgemerkt, denn genauso

Hochzeit von Anne und Matomora am 23.12.1979

wenig, wie das afrikanische Weihnachtsfest mit Schnee, Kerzen und Hausmusik zu tun hat, gehören zu einer afrikanischen Familie das Mittagessen im kleinsten Kreis, der Sonntagsspaziergang oder gemeinsame Urlaube. Die afrikanische Familie heißt deshalb bei Ethnologen auch oft *extended family*, erweiterte Familie: Großeltern, Eltern, Kinder, Tanten und Onkel, Nichten und Neffen gehören dazu, manchmal auch nicht leiblich verwandte Dorfangehörige, für die wegen Krankheit oder Tod niemand aus der eigenen Familie sorgen kann. Denn jeder braucht eine solche größere Gemeinschaft, in der er aufwächst, zu der er gehört – und in die er sich einfügen muss. Matomora nahm Doris – so hieß Annes Tochter – als sein Kind in die Familie auf. Und nicht nur sie. Anne hatte neben Doris zwei Töchter ihrer älteren Schwester mitgebracht, Bate und Prisca, die auch in Dar es Salaam schon bei ihr gelebt hatten. Bald gehörte auch noch Wema zur Familie, die Tochter von Matomoras Schwester. Jetzt war es mit dem Alleinleben im deutschen Stil endgültig vorbei. Was für ein Glück!

Zwei Jahre arbeitete Matomora in Kilimatinde, dann zog die Familie nach Mvumi, vierzig Kilometer südwestlich von Dodoma. Von nun an ging es für Matomora nicht mehr um die Betreuung einzelner Patienten, sondern um *Public Health*, also um die Frage, wie für die medizinische Versorgung einer ganzen Region oder einer ganzen Bevölkerungsgruppe gesorgt werden kann. Im Bild gesprochen wechselte Matomora nicht das Fach, aber die Aufgabe: vom Schneider, der zerrissene Kleidung ausbesserte, zum Designer, der Kleidung entwirft. Was kann man tun, damit bestimmte Krankheiten sich gar nicht erst ausbreiten? Wer organisiert und bezahlt Impfprogramme, und wie motiviert man Mütter, wenn das Angebot besteht, ihre Kinder auch tatsächlich impfen zu lassen? Welche Möglichkeiten haben sie, um ihre Kinder gesünder zu ernähren, und wie kann man sie dazu bewegen, diese Möglichkeiten zu nutzen? Wie können die hygienischen Zustände verbessert werden? Gehört die Versorgung mit sauberem Trinkwasser zum medizinischen Programm, und wer sorgt für die Qualität des Wassers? Wie überzeugt man konservativ eingestellte Dorfälteste davon, dass in ihrem Dorf unbedingt Latrinen gebaut werden müssen? Wo sind einfache und erschwingliche Schuhe zu haben, und wie kann man die Menschen zum gewohnheitsmäßigen Tragen von Schuhen bewegen, damit die Hakenwürmer nicht so leicht durch die Fußsohlen eindringen?

Zu allen diesen Fragen kam noch eine sehr grundsätzliche: Ist medizinischer Fortschritt gleichbedeutend mit der flächendeckenden Versorgung durch westliche Medizin auf einem gesicherten wissenschaftlichen Standard, oder soll die traditionelle afrikanische Medizin weiter eine Rolle spielen – und wenn ja, welche?

Manchmal seufzte Matomora, wenn er an die Bedingungen dachte, unter denen er in Deutschland gearbeitet hatte. Auch dort war die Arbeit nicht immer leicht gewesen, aber auf welch hohem Niveau hatte die medizinische Grundversorgung gelegen! 700 Todesfälle auf 100 000 Lebendgeburten, das hatten sie für eine skandalös hohe Zahl gehalten. In Tansania starb jedes zehnte Kind vor dem fünften Geburtstag!

Und doch machte Matomora gerade das Entwerfen einer Basisversorgung und das »Denken im großen Maßstab« Spaß. Zum einen ging es um ganz praktische Fragen, die mit Organisation, Strukturen, Ausbildungsplänen und nicht zuletzt mit Finanzen zu tun hatten. Zum anderen gab seine neue Aufgabe ihm die Lizenz zum Träumen und zu endlosen Planspielen – zumindest in seinem Kopf: Was müsste geschehen, damit jedes

Kind in unserer Region täglich eine Mahlzeit bekommt, die alle Nährstoffe enthält, die ein Mensch zum gesunden Aufwachsen braucht? Wie viele Mitarbeiter brauchte man, um innerhalb eines Jahres alle Dörfer der Umgebung zu besuchen und Hygiene-Seminare durchzuführen? Was würde es kosten und wie lange würde es wohl dauern, alle traditionellen Hebammen zu Geburtshelferinnen auszubilden, die die Gefahren einer schwierigen Geburt früher erkennen und bereit sind, fremde Hilfe anzunehmen?

»Was wäre, wenn ...?«, »Was müsste geschehen, damit ...?« Matomora spürte den Reiz, den diese Fragen auf ihn ausübten. Er war in seinem Element. Das Gefühl, jemandem etwas beweisen zu müssen, hatte sich in den letzten Jahren verloren, ohne dass er es selbst bemerkt hätte. Ob die »Brüder« ihn für fromm genug, immer noch zu politisch, zu selbstbewusst oder zu wenig missionarisch halten würden, wenn sie ihn hier sähen – diese Fragen stellte er sich nicht mehr. Er war am richtigen Platz und er machte eine Arbeit, für die er alle notwendigen Talente mitbrachte. Jetzt war er so weit, dass selbst der Wechsel zu einem nicht-kirchlichen Arbeitgeber ihm kein schlechtes Gewissen mehr bereiten konnte. Und so kam es, dass die Familie Matomora 1986 Tansania verließ und ins 700 Kilometer nördlicher gelegene Nairobi zog, die Hauptstadt von Kenia. Die Zentrale von AMREF sollte fortan für Matomora als Ausgangspunkt dienen: Von hier aus würde er als Dozent für *Public Health* in die Länder Ostafrikas reisen, um Ärzte und medizinisches Personal zu unterrichten. Der Umzug hatte außerdem eine sehr willkommene Nebenwirkung: Doris und Wema, die beiden Mädchen, die noch bei ihnen wohnten, konnten nun in der Großstadt zur Schule gehen und weit besseres Englisch lernen, als es in Mvumi möglich gewesen war. Tansania hatte sich nach der Unabhängigkeit für die Zweisprachigkeit entschieden: Englisch und Kisuaheli waren praktisch gleichberechtigt, auch wenn Englisch an weiterführenden Schulen Unterrichtssprache war. In Kenia setzte man ganz auf Englisch, was die Konflikte zwischen den konkurrierenden Volksgruppen nicht entschärfte, das Englisch der Kenianer aber spürbar verbesserte. Wenn Doris und Wema in Nairobi die Schule abschlossen, würden sie es bei der weiteren Ausbildung, die überall in Ostafrika auf Englisch geschah, sehr viel leichter haben.

Bei AMREF zu arbeiten kam einer neuen professionellen Horizonterweiterung gleich: Was konnten nicht nur einzelne Regionen, was konnten ganze Länder voneinander lernen? Als *Primary Health Care Coordinator* reiste Matomora bald schon nicht nur durch Ostafrika, sondern auch nach Westafrika und ins südliche Afrika. Von Sierra Leone bis Namibia, von Ghana bis Burundi war er unterwegs. Als *Facilitator*, wörtlich übersetzt: Erleichterer, hielt er Seminare und brachte anderen bei, wie man Seminare hält. Er probierte verschiedene Methoden der Erwachsenenbildung aus, und er zeigte den Teilnehmern, die schon wenig später selbst als Trainer unterwegs waren, wie man Gesundheitsfächer so unterrichtet, dass das Gelernte akzeptiert wird und »hängen bleibt«. Nebenbei sammelte er Daten und stellte sie AMREF für Statistik und Forschung zur Verfügung.

Mitte der Achtzigerjahre kam ein wichtiges Thema dazu, das an vielen Orten bald schon alle anderen Themen an Dringlichkeit übertraf: Aids. Um über Aids zu sprechen, musste man aber über Sex sprechen, über Verhütung, über außereheliche Beziehungen ... Ganz unvorstellbar, dass jemand wagte, so etwas in klaren Worten und nicht in wolkigen Andeutungen anzusprechen! Aber es musste sein, und deshalb musste es jetzt gelehrt werden. Wie wäre es, wenn man, statt Vorträge zu halten und in Gruppengesprächen gegen peinliches Schweigen oder Kichern anzukämpfen, kleine Theaterstücke aufführte oder im Stil eines umherziehenden Sängers das Schicksal von Aidskranken in einer Art Ballade vortragen würde? Tatsächlich entstanden überall in Afrika schon bald kleine Theatertruppen, die von Dorf zu Dorf zogen und die Aufklärung über eine tödliche Krankheit mit dem Vergnügen eines unterhaltsamen Abends auf dem Marktplatz verbanden. Die Leute strömten neugierig zusammen, hielten sich oft die Bäuche vor Lachen, ließen sich animieren mitzuspielen – und verstanden doch das ernste Anliegen des Stücks. Das jedenfalls hofften Matomora wie unzählige andere, die diese Methode mit großen Erwartungen vorantrieben.

Eines Tages führte ihn ein Seminar sogar nach Mbesa, denn auch dort wollte man sich in Sachen *Public Health* fortbilden.

Und endlich, nach genau zwanzigjähriger Freundschaft, machte sich Fred auf, um seinen alten Mitstreiter Matomora in dessen Heimat zu besuchen. Von Nairobi aus flogen die beiden nach Dar es Salaam und dann weiter, mit einem fünfsitzigen Leichtflugzeug in den Süden. Vier Stunden dauerte dieser »Rest« der Reise, und sie bot Fred eine Mischung aus Faszination und Schrecken. In so einer kleinen Maschine fühlte sich auch der Himmel wie eine Piste voller Schlaglöcher an. Aber wie unberührt die Landschaft von hier oben aussah: kaum eine Straße, kaum eine Siedlung, nirgendwo das aus Deutschland vertraute großflächige Grün, stattdessen rotbraune, sicher knochentrockene Flächen. Schließlich überkam ihn eine seltsame Müdigkeit. Der Pilot bekam Sauerstoff, die Passagiere nicht ... Beim Landeanflug wurde Fred dann wieder hellwach: Der Pilot nahm zweimal Anlauf. Das erste Mal tat er nur so, als wollte er landen, in Wirklichkeit sah er im Tiefflug nach,

Matomora zu Besuch bei seinen Eltern, 1983/84

Matomora zu Besuch bei seiner Mutter, 1986

ob eventuell Tiere auf der Piste waren, die erst verscheucht
werden mussten. Beim zweiten Mal setzte er dann wirklich
auf der unebenen Landebahn auf. Ein Rütteln und Schütteln –
karibu! Willkommen!

Die Herzlichkeit, mit der Fred überall als Matomoras Freund
begrüßt wurde, war wirklich überwältigend. Das afrikanische
Landleben dagegen fand Fred als Großstadtkind alles andere als
romantisch. Die Latrine befand sich hinter einem Sichtschutz
aus Elefantengras, »duschen«, also sich mit etwas Wasser über-
schütten, konnte er gleich daneben. Dazu gab Matomora ihm
eine halbierte Kokosnussschale, die Fred ein paar Mal mit
Wasser füllte, wobei er vermied, sich das Wasser allzu kritisch
anzuschauen ... Auch die schier endlosen Fahrten ohne Essen
und Trinken fand er kein bisschen »urig« oder »Grzimek-
mäßig«, sondern einfach nur anstrengend, obwohl ihn die

Fahrten durch die Dörfer und die Landschaft Südtansanias faszinierten. An den Abenden dann saß man zusammen, mal mit Matomoras Eltern und den stets herein- und hinausströmenden Mitgliedern der Großfamilie, mal mit wechselnden Gruppen von Freunden, ehemaligen Schulkameraden, Bekannten von Verwandten und Verwandten von Bekannten – unmöglich, sich alle Namen oder auch nur die Gesichter zu merken. Fred saß stundenlang dabei, lächelte und machte zur Freude der kleinen Kinder (wie zu seiner eigenen) »heimlich« ein paar Faxen, für die man keine Worte brauchte. Verstehen konnte er von den stundenlangen Gesprächen, die da um ihn herum geführt wurden, nichts. Immer mal wieder übersetzte Matomora ein paar Sätze oder fasste zusammen, worum es gerade ging. Aber konnte es wirklich sein, dass diese Leute seit knapp zwei Stunden über ein und dieselbe Angelegenheit redeten?

»Ihr fallt nicht gerade mit der Tür ins Haus«, sagte Fred an einem der letzten Abende, als die beiden für einen kurzen Moment allein waren. »Ich verstehe ja fast nichts, aber ich glaube, ich habe kapiert, dass ihr um die Sache, über die ihr reden wollt, erst einmal herumschleicht wie die Katze um den heißen Brei.«

Matomora grinste. »Nein. Das kommt dir nur so vor, weil du zu lange im Rheinland gelebt hast. Ihr glaubt ja, Direktheit sei herzlich. Wir sind einfach nur gut erzogen und sehr höflich. Was ihr herzlich findet, käme hier nicht gut an.«

Fred seufzte. »Und die erste halbe Stunde nach der Ankunft der Gäste ...«

»... die dient der Begrüßung, die darfst du gar nicht dazurechnen.«

Zwei Wochen später war Fred wieder in Deutschland, wohlbehalten und erleichtert. Allerdings kam ihm jetzt hier das ein oder andere seltsam vor: Konnte es sein, dass die meisten Fami-

Besuch bei Annes Familie, 1985: Sogar die Männer helfen, die Maiskörner von den Kolben abzutrennen

lien nach zehn Minuten am Tisch schon mit dem Gespräch fertig waren und den Fernseher einschalteten? Heimlich begann er sich auf seine nächste Afrikareise zu freuen.

Matomora dagegen bereitete sich auf einen neuen Aufenthalt in Europa vor. Im Auftrag von AMREF lehrte er ein ganzes Jahr als Dozent am Tropeninstitut der Universität Antwerpen, wo er vor Jahren selbst an einem Kurs teilgenommen hatte.

Von Antwerpen nach Essen sind es 200 Kilometer. Mit einem Blick betrachtet, der an afrikanische Entfernungen gewöhnt ist, handelt es sich also um einen größeren Spaziergang. Und so saß Matomora an einem Sonntagnachmittag des Jahres 1990 endlich wieder einmal bei Familie Deichmann am Mittagstisch. In den letzten Jahren war der Kontakt spärlich geworden. Jeder hatte mehr als genug zu tun gehabt. Matomora war pausenlos in Sachen *Public Health* unterwegs gewesen, und »Onkel Heinz'« Geschäfte hörten nicht auf, sich auszuweiten. Gerade war er dabei, auf den Fall der Mauer auf seine ganz eigene, pragmatische Art zu antworten: Bevor er in Ostdeutschland »richtige« Filialen eröffnen konnte, baute er an verschiedenen Orten der Noch-DDR große Zelte auf, in denen Deichmann-Schuhe verkauft wurden. Warum sollten die gerade frisch mit D-Mark ausgestatteten »Brüder und Schwestern aus dem Osten« extra in den Westen fahren müssen, um endlich ein Paar der heiß begehrten Turnschuhe zu kaufen?

Matomora musste leise lachen. Die Sache mit den Schuhzelten erinnerte ihn an die gute alte Zeltmission, bei der ein Prediger über Land zog. Deichmann war und blieb ein Missionar, bei allem, was ihm am Herzen lag. Und auch an diesem Nachmittag hatte er eine Mission:

»Sag mal, Matomora, wie lange willst du denn in Antwerpen bleiben?«

»Ich habe mich für ein Jahr verpflichtet.«

»Und danach?«

»Das ist noch nicht ganz klar. Ich habe vor kurzem von meinem Doktorvater das Angebot bekommen, nach Heidelberg zurückzukommen. Da suchen sie an der medizinischen Fakultät einen Dozenten für *Public Health*.«

»Nach Heidelberg zurück?«

»Ja, warum nicht? Ich bin vermutlich der Kandidat, der die meiste praktische Erfahrung mitbringt.«

Deichmann atmete hörbar aus.

»Das kann ja sein. Aber hast du dafür Medizin studiert? Ich meine: Als junger Mann hast du mir so engagiert von Tunduru erzählt, von der Not dort ... Und jetzt habe ich das Gefühl, du arbeitest nur noch an deiner Karriere.«

Deichmann setzte sich aufrecht hin, um dem großgewachsenen Matomora in die Augen blicken zu können.

»Matomora, warum gehst du nicht zurück in deine Heimat und hilfst deinen eigenen Leuten?«

»Weil die Mission in Mbesa mich nicht will. Ich habe es ja versucht. Das Kapitel ist abgeschlossen.«

»Dann mache ich dir heute ein Angebot: Wenn du trotzdem nach Tunduru gehst, also auch ohne die Rückendeckung der Mbesa-Leute, dann sorge ich für alles, was du brauchst, um dort vernünftig arbeiten zu können.«

»Onkel Heinz ...« Matomora rang um Worte. »Das ist sehr freundlich von dir ... und wirklich großzügig. Aber ich glaube, du stellst dir das zu einfach vor. Das Krankenhaus in Tunduru zum Beispiel wird schon lange nicht mehr von Missionaren geleitet. Die Deutschen hatten Streit mit einigen muslimischen Scheichs. Die Christen sollten sich an die Scharia halten und ihre Missionstätigkeit einstellen. Das wollten sie natürlich nicht. Und in Matemanga – das ist ein Dorf ganz in der Nähe von dem, in dem ich aufgewachsen bin –, da haben sie eine *Dispensary* aufgeben müssen. Jahrelang hatten sie dort Medikamente ausgegeben und Wunden versorgt, und dann waren sie bei der Bevölkerung auf einmal unerwünscht. Mit jedem neuen Projekt würde es ähnlich gehen, fürchte ich ...«

»Du kennst die Verhältnisse dort besser als ich, Matomora. Aber ich halte trotzdem an meinem Angebot fest.« Deichmann erhob sich.

»Onkel Heinz, weißt du eigentlich, wie alt ich bin?«, fragte Matomora beim Abschied und gab die Antwort gleich selbst: »46 Jahre. In Tansania gelte ich bald schon als alt und ehrwürdig.« Er lachte.

Aber Deichmann blieb ernst. »Überleg es dir. Mein Angebot steht.«

Ein Jahr später begrüßte die Universität Heidelberg Dr. Matomora K. S. Matomora als Dozenten für *Public Health*. Professor Diesfeld, Matomoras Doktorvater, hatte dafür gesorgt, dass dieses Fach neu eingerichtet wurde. Matomora, Anne und Doris bezogen eine Wohnung in Schriesheim, die Straßenbahn zur medizinischen Fakultät hielt ganz in der Nähe, alles war gut und schön und hätte »ewig« so bleiben können.

KAPITEL 13

Matemanga

Und doch hatte Matomora an manchen Tagen das Gefühl, er habe einen Splitter im Finger, etwas, das man nicht spürt, solange man abgelenkt ist, das aber empfindlich schmerzt, sobald man eine »falsche« Bewegung macht. Manchmal, wenn er nicht einschlafen konnte, fiel ihm eine Begebenheit aus seiner Zeit als junger Assistenzarzt in Ludwigshafen ein. Er hatte Nachtdienst, und ein Patient, für den er zuständig war, befand sich in einem sehr kritischen Zustand. Er, der noch unerfahrene Arzt, hatte nur einen Wunsch: den Mann über die Nacht zu bringen und ihn am Morgen der nächsten Schicht lebend zu übergeben. Der Patient war bewusstlos, aber gegen Morgen, kurz vor der Übergabe, wachte er auf.

»Danke, Schwester«, sagte er matt.

Die Krankenschwester wies auf Matomora, der neben ihr stand: »Sehen Sie Ihren Doktor? Der hat Sie heute Nacht am Leben gehalten.«

Matomora trat näher an das Bett heran. Als der Mann erkannte, dass aus dem weißen Kittel neben seinem Bett ein schwarzer Kopf ragte, sagte er verblüfft: »Vielen Dank, Herr Doktor. – Aber sagen Sie mal: Werden Sie bei Ihren eigenen Leuten nicht mehr gebraucht als hier?«

Damals hatte er nicht geantwortet, sondern nur gelächelt. Aber die Frage des Mannes hatte er nicht vergessen. Sie war ein Dorn in seinem Finger, genau wie Onkel Heinz' Worte am Mittagstisch, deren leises Echo in seinem Kopf immer wieder nachklang.

Heinz-Horst Deichmann tat seine guten Werke derweil in Indien. Alle Gewinne aus dem blühenden Schuhgeschäft für Firma und Familie zu behalten, das hätte gegen seine Grundhaltung verstoßen. »Am Ende meines Lebens wird Gott mich nicht fragen, wie viele Schuhe ich verkauft habe, sondern ob ich wie ein wahrer Christ gelebt habe«, war sein Motto, das er immer wieder zitierte, egal, ob er sich in einem Gottesdienst befand oder im Gespräch mit dem »Handelsblatt«. Wenn Matomora das Geld also nicht gebrauchen konnte oder wollte, würde es anderswo Früchte tragen. Im indischen Bundesstaat Andra Pradesh gab es Lepra und Tuberkulose zu bekämpfen, unterernährte Kinder zu versorgen, Slumbewohnern in *Free Clinics* mit elementarer medizinischer Hilfe beizustehen und vieles mehr. John David, ein Inder, hatte Deichmann gelehrt, für Elendsgestalten nicht nur zu spenden, sondern selbst auf sie zuzugehen und sie zu umarmen. Aus einer ersten Indienreise war ein vielfältiges Engagement geworden, das inzwischen neben der medizinischen Arbeit auch Kindergärten, Schulen und Ausbildungsstätten umfasste und sich *wortundtat* nannte.

1992 reiste auch Fred mit *wortundtat* nach Andra Pradesh. Tief beeindruckt kam er zurück und meldete sich gleich zu einem Besuch bei Matomora in Heidelberg an.

»Mat, das hättest du sehen sollen. Es ist unglaublich, was die dort alles auf die Beine stellen. – So etwas müsste man in Tunduru auch machen.«

Es war der Satz, der den Splitter aus Matomoras Finger zog.

»Kümmere du dich um das Geld. Ich gehe hin«, war seine lapidare Antwort.

Warum sagte er an diesem Tag Ja? Was hatte den Sinneswandel bewirkt? Matomora hätte es selbst nicht sagen können. Die Zeit war reif. Eine innere Entwicklung war abgeschlossen. Dabei hatte auch eine äußere, nämlich eine politische Entwicklung in Südtansania einen Abschluss gefunden. Aber das wurde Matomora erst so richtig klar, als er wenig später, nun schon in Deichmanns Auftrag, in den Tunduru-Distrikt reiste. Das Nachbarland Mosambik hatte die ganze Region bis 1975 in Unabhängigkeitskämpfe verwickelt, und sogar noch bis Ende der Achtzigerjahre waren Soldaten aus dem Süden nach Tansania eingedrungen. Die mosambikanischen Kämpfer hatten alle Weißen in der Region für Spione gehalten, die von Südafrika finanziert wurden. Matomora war nicht weiß, aber er wäre bis vor wenigen Jahren doch als Handlanger der Weißen betrachtet worden.

Jetzt endlich war aus einer Krisenregion eine friedliche Weltgegend geworden, eine jedoch nach wie vor und auch wegen der langen Unruhen außerordentlich rückständige.

Onkel Heinz hatte sich gefreut, als er hörte, Matomora wolle »die aktuelle Lage in Tunduru sondieren, um dann ein eigenes Projekt zu planen«. Bei ihm musste niemand Türen einrennen, sie standen immer noch offen, so wie er es versprochen hatte. Und so machte Matomora im Sommer 1994 eine erste Anschaffung im Auftrag von *wortundtat*: Er kaufte einen Landrover, um von Mbesa aus durch den Distrikt fahren zu können. Ja, er wollte von Mbesa aus starten, buchstäblich und

auch im übertragenen Sinne. Die Hoffnung auf eine gedeih-
liche Zusammenarbeit mit den Brüdern hatte er immer noch
nicht aufgegeben. Egal, wie das zukünftige Projekt aussehen
würde, es sollte eine Art Filiale der Wiedenester Mission sein.

Kanisa la Biblia hieß die Kirche einheimischer Christen,
die durch die Arbeit von Wiedenest im Tunduru-Distrikt entstanden war. Mit den Leitern dieser Kirche und dem Leitungs-
gremium der deutschen Mission setzte sich Matomora nun
zusammen. Auch Fred war dabei. Schon seit einigen Wochen
reiste er gemeinsam mit Matomora durch ganz Tansania, um
sich anzusehen, wie und wo Handwerker ausgebildet wurden
und Anregungen für ein eigenes Projekt zu erhalten. Einen Tag
und eine Nacht diskutierte die große Runde von vielen Männern und einer Frau, dann begruben sie den Gedanken an ein
gemeinsames Projekt. Dabei waren die schwarzen Gemeindeleiter begeistert: Eine diakonische Einrichtung würde ihre
Arbeit ideal ergänzen und mit Matomora hätten sie einen
Mann, der westliches Know-how und afrikanische Kultur und
Mentalität in einer Person verband. Aber die weißen Missionare hatten Angst vor einem Unternehmen, das ihnen jetzt
schon sehr groß schien – war es nicht etwas größenwahnsin-
nig, dass die beiden gleich mit einer Handwerkerschule für
120 Schüler beginnen wollten? – und das vielleicht in ganz
unkontrollierbarer Weise wachsen würde. Wer konnte schon
sagen, was sich daraus eines Tages entwickeln würde? Vielleicht Dinge, die gar nicht mehr im Sinne der Wiedenester
Mission waren? Im Blick auf Matomoras Theologie und Welt-
anschauung waren die Missionare immer noch skeptisch, aber
längst nicht mehr so grundsätzlich ablehnend wie damals, als
es zum Bruch gekommen war. Dieser große, füllige, geradezu
gediegen-bürgerlich wirkende Mann war kein verbohrter Ideo-
loge, das war schnell klar. Wenn er es je gewesen sein sollte,

dann war es lange her. Matomora wollte die Bewohner seiner alten Heimat sicher nicht nach seinen eigenen Vorstellungen zwangsbeglücken. Er wollte vielmehr nach ihren Bedürfnissen fragen und nichts über ihre Köpfe hinweg tun, das hatte er im Laufe der Diskussion mehrfach betont. Kein Wunder, dass die Gemeindeleiter so begeistert waren. Mit ihnen schien er sich spontan zu verstehen. Vielleicht zu gut? Das würde eines Tages unter Umständen zum Problem werden ...

Matomora und Fred fiel es schwer, das Scheitern ihres Plans zu akzeptieren. Sollten sie die ganze Sache möglichst schnell wieder vergessen? Oder zu Onkel Heinz zurückkreisen und ihn fragen, ob er auch eine Arbeit unterstützen würde, die ganz ohne »Basisstation« starten musste, sozusagen von Null?

Es war das Jahr, in dem Matomora fünfzig Jahre alt wurde und in dem sein Vater starb. Wenn in Tunduru seine eigentliche Lebensaufgabe lag (und vielleicht ja sogar die von Fred?), dann musste er sie jetzt – endlich – in Angriff nehmen. Als der neue Mut endgültig stärker war als die Frustration, machten sich die beiden nach Essen auf. Heinz-Horst Deichmann war in seinem Glauben an Matomoras Aufgabe ohnehin nie zu erschüttern gewesen, und so gab er denn seinen Segen zu einem Unternehmen, von dem jetzt noch weniger als zuvor klar war, wie es aussehen und durch welche Menschen es Wirklichkeit werden würde.

Wenige Monate später stellten Matomora und Fred auf dem Dorfplatz von Matemanga ein paar weiße Plastikstühle in den Schatten eines großen Baumes. Matomora hatte per »Buschfunk« verbreiten lassen, dass es am Abend eine Versammlung geben werde. Die Leute ließen sich nicht lange bitten. Männer und Frauen, Junge und Greise und vor allem unzählige Kinder

Das Projekt in der Heimat nimmt Formen an: Treffen mit den Dorfvorsitzenden im Mai 1996

strömten herbei und scharten sich um den großen Sohn ihres kleinen Ortes.

»Ihr habt gehört, dass ich wieder in meine Heimat zurückkommen will. Und ihr wisst, dass ich Arzt bin. Seit einigen Wochen bin ich aber nun schon in unserer Region unterwegs, um mich mit den Menschen zu unterhalten. Überall habe ich Leute gefragt, was in ihrem Ort am meisten fehlt, was sie am dringendsten brauchten. Und ich habe festgestellt, dass die jungen Leute eine gute Ausbildung machen wollen. Überall fehlen Handwerker, die wirklich etwas von ihrem Fach verstehen. Mein Freund Fred und ich würden deshalb gern eine Handwerkerschule gründen. Wer zumindest ein paar Jahre in die Schule gegangen ist, soll dort eine Lehre machen können – egal, ob er ein junger Mann oder eine junge Frau ist!«

Im Juni desselben Jahres kommt Fred Heimbach dazu: Grün-
dungstreffen in Nanjoka

Ein Raunen ging durch die Menge. Frauen als Handwerker?
Einige kicherten.

Matomora sprach unbeirrt weiter: »Wir können die Handwerkerschule hier in Matemanga bauen, wir können es aber
auch an einem anderen Ort tun. Ich fände es natürlich schön,
wenn es hier wäre, in der Gegend, wo ich als Kind gelebt
habe. Aber ihr solltet euch die Sache gut überlegen. Ich bin
Christ geworden, schon vor langer Zeit, als ich noch Schüler
in Songea war; die Älteren unter euch erinnern sich vielleicht
daran, dass man sich die Geschichte von meiner Taufe damals
überall erzählte. Und Fred ist auch Christ. Unsere Schule wird
deshalb eine christliche Schule sein. Das heißt nicht, dass die
Schüler Christen sein müssen oder Christen werden müssen.
Wir akzeptieren, dass die meisten von euch Muslime sind.
Aber wenn die Schule hier gebaut wird, müsst ihr auch akzep-

Mit Fred Heimbach bei der Dorfvorsitzenden in Matemanga,
Mai 1997

tieren, dass wir Christen sind und dass in der Schule christliche
Grundsätze gelten.«

Die lebhafte Diskussion, die nun begann, ging bis in die
Nacht hinein. Matomora und Fred nickten sich nach einer
Weile zu und verließen unauffällig den Dorfplatz. Man würde
ja sehen.

»Wir haben schon ein Stück Land für euch«, wurden die
beiden Freunde begrüßt, als sie nach Monaten das nächste Mal
nach Matemanga kamen. »Es gehört niemandem. Nur ein paar
Mangobäume stehen dort, die müsst ihr den Besitzern abkaufen. Sollen wir es euch gleich zeigen?«

KIUMA heute: Dorfleben

Immer mehr Dörfer rund um KIUMA werden mit Wasser
versorgt

Matomora, 2009

Eine Feier mit Sultan Mataka in Kidodoma, 2008

Foto: Rüdiger Fessel

Kinder in Amani

Foto: Fred Heimbach

Ein großes Fest: Die ersten Schüler haben das Abitur bestanden!
2010

Schreiner ...

... und Schweißer in der Handwerkerschule

Auf dem Weg vom Kindergarten nach Hause

Angehende Schwestern und Pfleger in der Krankenpflegeschule

In der Kirche

Die Kirche

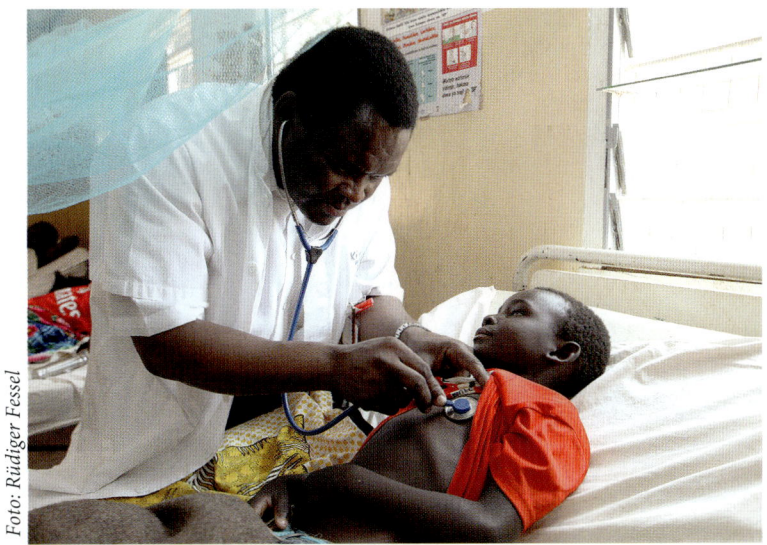

Dr. Ben untersucht einen Patienten im Krankenhaus

Mütter mit den kleinen Patienten im Krankenhaus

Dr. Matomora Matomora, Dr. Heinz-Horst Deichmann,
Dr. Fred Heimbach, 2010

KIUMA ist ein Dorf geworden, 2010

KAPITEL 14

Das Busch-Werk

Das Elefantengras, zwischen dem die Männer standen, war mehr als zwei Meter hoch. Sie mussten es zur Seite biegen, um einander sehen zu können. Matomora, Fred und einige Männer aus dem Dorf stapften über das riesige, auf einer Anhöhe oberhalb der Dorfstraße gelegene Gelände, auf dem außer dem hohen Gras tatsächlich nur vereinzelte kleine Maisfelder und ein paar Mangobäume zu entdecken waren.

»Die Bäume sehen prächtig aus, also muss es hier genug Wasser geben«, sagte Fred.

»Auch genug für hunderte von Menschen? Auf dieser Höhe? Das sollten wir erst mal prüfen.«

Die Dorfbewohner sahen sich an. Matomora schien also wirklich an hunderte zu denken. »Wir dachten ja eher, dass ihr einen Teil des Geländes bebaut«, sagte einer von ihnen. »Aber wenn das alles wirklich so groß werden soll ... Wie viele Häuser wollt ihr denn bauen? Und wie viele Brunnen werdet ihr dann wohl brauchen?«

»Wenn die Handwerkerschule 120 Schüler haben soll, sagen wir: 140, dann müssen diese Schüler auch irgendwo schlafen, also brauchen wir einen Schlafsaal für Jungen und einen für Mädchen. Die Lehrer werden wir ja wohl kaum in Matemanga finden. Es wird uns also nichts anderes übrig bleiben, als geeignete Leute aus anderen Gegenden Tansanias anzuwerben, und die müssen dann hierher ziehen. Wir brauchen also auch Häuser für die Lehrer. Die Lehrer haben vermutlich eine Familie oder wollen eine Familie gründen, also dürfen die Häuser nicht zu klein sein. Vielleicht brauchen wir irgendwann auch einen Kindergarten und eine Schule für die Lehrerkinder ... Na, und die Hauptsache ist natürlich die Handwerkerschule selbst mit den nötigen Klassenräumen und Werkstätten. Es kommt drauf an, für welche Berufe wir die jungen Leute ausbilden wollen ...« Matomora stapfte unverdrossen weiter. »Dieselgeneratoren braucht man sicher – und eben genug Wasser.«

Die Gruppe blieb unter einem Baum stehen. Einen Überblick über das Gelände zu bekommen, war buchstäblich unmöglich, das Gras überragte ja sogar den Größten von ihnen, Matomora.

»Ich glaube, wir haben genug gesehen. Als Erstes müssen Probebohrungen gemacht werden. Wenn es hier tatsächlich genügend Wasser gibt, dann brauchen wir als Nächstes eine Liste mit den Namen der Leute, denen die Mangobäume und Maisfelder gehören, damit wir ihnen die Bäume und Felder abkaufen können.«

»Kein Problem.« Ein oder zwei schienen schon vor Eifer zu glühen. »Sollen wir uns auch schon mal nach Bauarbeitern umschauen?«

Matomora lächelte.

»Lach nicht, Doktor! Du wirst sehen: An uns wird die Sache nicht scheitern. Wir werden alles tun, damit ihr euer Zentrum hier bei uns baut. Und wir können auch sehr schnell sein!«

November 1996: Der erste Brunnen spendet Wasser!

Und es ging schnell. Im August 1996 wurden auf dem Gelände ein paar Bohrungen durchgeführt, die zur großen Freude aller Beteiligten tatsächlich Wasser sprudeln ließen. Und schon bald darauf wurden die ersten Handpumpen installiert: Es konnte tatsächlich losgehen!

Ein Gelände, Wasser und eine Dorfgemeinschaft, die gespannt und voller Vorfreude jeden Schritt beobachtete – das war für den Anfang schon sehr viel. Jedenfalls genug, um dem »Kind« einen Namen zu geben. Und so entstand noch im selben Sommer das Kürzel KIUMMA, sechs Buchstaben, die sich leicht merken und aussprechen ließen. Sie standen für »Kituo cha Elimu na Maendeleo Matemanga«: »Zentrum für Bildung und Entwicklung, Matemanga«.

Die Dorfbewohner waren sehr zufrieden mit dieser Namensgebung. Hat es je irgendetwas gegeben, das Matemanga in seinem Namen trug?

131

Jetzt konnte es ans Bauen gehen, nein, erst einmal an den Kampf gegen das Elefantengras. Jeder, der alt und kräftig genug war, um eine Machete zu führen, konnte mitmachen. Gezahlt wurde am Ende des Tages. Die Suche nach Bauarbeitern, die wenigstens ein Minimum an Qualifikation mitbrachten, erwies sich dagegen als äußerst schwierig. Erstaunlich war das nicht, im Grunde machte es ja nur deutlich, wie wichtig eine Handwerkerschule in dieser Region war. Schließlich war klar: Es war fast unmöglich, im Tunduru-Distrikt Handwerker aufzutreiben. Zwar nannte sich der eine oder andere »Fundi«, was eigentlich Handwerker bedeutet. Aber es stellte sich schnell heraus, dass »Fundi« eher ein Sammelbegriff für alle war, die einen Hammer und eine Zange besaßen und damit schon so dies und jenes erfolgreich repariert hatten. Matomora erinnerte sich an Masima, einen Handwerker, den er in Dodoma kennengelernt hatte und der dort früher eine kleine Ausbildungswerkstatt geleitet hatte. Ob der wohl bereit wäre, fast tausend Kilometer von zu Hause entfernt, die Verantwortung für eine Baustelle zu übernehmen – keine gewöhnliche Baustelle, sondern eine, mit der er eine ganze Weile beschäftigt sein würde?

Masima war bereit, und so konnte Matomora erst einmal beruhigt nach Heidelberg zurückkreisen. Schließlich verdiente er sein Geld immer noch als Dozent an einer deutschen Uni und nicht etwa als Projektleiter im südtansanischen Busch.

Die erste Anschaffung auf dem Weg zum großen Ziel war wiederum ein Fahrzeug. Diesmal war es ein LKW. Steine, Wellblech, Eisenstangen, Bretter – in Matemanga gab es nichts von allem, was man zum Bauen brauchte. Und selbst wenn man bereit war, die Steine selbst herzustellen, brauchte man doch Zement. Den gab es aber nur in Mbeya, 700 Kilometer nordwestlich von Matemanga. Sollte man also doch lieber nach alter

»Man könnte sagen: Wir haben als altes Paar unsere Lebensaufgabe gefunden.« Matomora und Fred Heimbach in KIUMA,
Mai 2003

Tradition Ziegel aus Lehm herstellen und sie dann trocknen
und brennen? Das würde ein ganzes Jahr dauern. Also doch
lieber mit dem LKW auf »Safari« gehen. (Anders als Touris-
ten meinen, bedeutet »Safari« einfach »Reise«, egal, ob man ein
wildes Tier sieht oder keins und ob diese Reise zehn Kilometer
oder tausend Kilometer von zu Hause wegführt.)

Aber Masima kümmerte sich nicht nur darum, dass der
Zement herbeigeschafft wurde, er sorgte auch gleich dafür,
dass Handwerker in Zentraltansania angeworben und nach
Matemanga gebracht wurden. Tagelöhner für Hilfsarbeiten
konnte man vor Ort finden, aber das Mischen von Zement
und Wasser in genau der richtigen Menge, den Bau der Fun-
damente und viele andere Arbeiten wollte Masima doch lieber
nicht Anfängern überlassen.

1998: Die Handwerkerschule wird eröffnet, und der tansanische Staatspräsident Mkapa kommt zu Besuch

Die »Gastarbeiter« aus dem Norden wohnten »im Busch«, d. h. sie zimmerten vor und während des großen Baus ihre eigenen kleinen Unterkünfte, kochten abends auf den Feuerstellen vor den Hütten, saßen beisammen – und blieben unter sich. Kontakt zu den Südtansaniern gab es nur, wo er unvermeidbar war, also tagsüber auf der Baustelle und beim Kauf von Lebensmitteln. Sollten die Einheimischen sie doch für arrogant halten, sie machten ja auch keinen Hehl daraus, dass sie die Leute aus dem Süden für rückständig und beschränkt hielten.

Die etwas heikle ethnische Mischung auf der Baustelle bekam noch eine weitere Komponente, als Fred einen Schweizer Architekten nach KIUMMA mitnahm, der bereits in Indien Erfahrungen auf einer ähnlichen Baustelle gesammelt hatte. Hans-Ulrich Lobsiger hatte bei *wortundtat*-Projekten in

Indien wertvolle Arbeit geleistet und beriet und begutachtete nun die Arbeit in Matemanga . Bis jetzt war das Dorf ein abgeschiedener und dementsprechend langweiliger Ort gewesen. Das wurde nun anders, merkten die Einheimischen bald. Am besten gewöhnte man sich schon mal an Menschen mit anderer Hautfarbe, anderer Sprache, anderen Geschmacksnerven und allerhand seltsamen Angewohnheiten. Von der anderen Art, zu arbeiten und andere arbeiten zu lassen, ganz zu schweigen.

Am 1. Juni 1998 war es so weit: In einem feierlichen Festakt wurde die Handwerkerschule eröffnet. Nicht nur Dr. Deichmann reiste an, auch der tansanische Präsident, Benjamin Mkapa, kam eigens aus Dar es Salaam. Er war selbst Südtansanier, kannte die Bildungsmisere seiner Heimat also aus eigener Erfahrung. Seine Kindheit und Jugend hatte er in Masasi verbracht, einem Ort, der nur 200 Kilometer im Westen von Tunduru liegt. Dank einer katholischen Schule eröffnete sich ihm dennoch der Weg zu einem Studium in Uganda, und später brachte er es bis an die New Yorker Columbia University. Nun stand er neben einem Tansanier und zwei Deutschen und freute sich aufrichtig: Er war damals ein Glückspilz gewesen, eine Ausnahmeerscheinung, jemand, der es geschafft hatte – gegen alle Widerstände und Wahrscheinlichkeiten. Hier nun entstand etwas – und wenn es zugegebenermaßen nur eine einzelne Schule war –, das Bildung, jedenfalls eine Berufsausbildung, zu etwas machen würde, das vor der Tür lag. Maurer, Schreiner, Schlosser, Schneider und Schneiderinnen würden fortan in erreichbarer Nähe und für jede Familie finanzierbar ausgebildet werden. Wenn jetzt jemand eine Ausbildung machen konnte, verdankte er es nicht länger einem glücklichen Zufall.

Dass der Staatspräsident von Tansania ins kleine Matemanga kam, schien den Einheimischen schier unfassbar. Sie bestaunten die Staatskarosse mitsamt Chauffeur, kommentierten die Kleidung und die gut gepolsterte Figur des Präsidenten, der offensichtlich jeden Tag genug zu essen hatte, und verließen nach einem langen Tag erst das Gelände, als der Tross der VIPs den Ort verlassen hatte. Europäische Gäste mochten die Feier langatmig und die Reden ausufernd finden, für die Menschen in Matemanga war sie das spannendste Ereignis, das sie je erlebt hatten. 1998, dieses Jahr würde in die (niemals schriftlich festgehaltene) Geschichte des Ortes eingehen.

1998 war auch das Jahr, in dem Matomora endgültig den Schritt von Deutschland zurück in seine Heimat machte. Fast drei Jahre lang war er zigtausende von Kilometern gependelt, doch nun, mit der Einweihung der Schule, war klar, wo seine Aufgabe lag: Ohne einen Leiter vor Ort würde das Projekt nicht bestehen können. Der Abschied von Heidelberg war gar nicht so schwer. Dort ging mit dem Ausscheiden seines Doktorvaters gerade eine Ära zu Ende, und die Aussicht, in Matemanga der Berufung folgen zu können, die er schon als junger Mann gespürt hatte, wog weit mehr als der Abschied vom vertrauten Deutschland mit all seinem Komfort. Nur Doris würde in Deutschland bleiben, sie wohnte inzwischen in Mainz und studierte Soziologie.

Auch wenn es ohne Probleme möglich gewesen wäre: Matomora war nie auf die Idee gekommen, die deutsche Staatsangehörigkeit anzunehmen. »Das Wir zählt mehr als das Ich. Man muss doch etwas zu dem neuen Staat zu Hause beitragen«, sagte er einer verblüfften Journalistin, die davon ausgegangen war, dass jeder, der aus einem armen Staat kommt und Deutscher werden kann, das auch sofort tut.

Nun also war er wieder ganz zu Hause, in seinem »richtigen« Zuhause. Und fortan entwickelten sich die Dinge in KIUMMA Schlag auf Schlag. Es begann damit, dass sich für die Handwerkerschule weit mehr als die vorgesehenen 120 Schüler meldeten. Was tun? Sollte man die jungen Leute auf das nächste Jahr vertrösten? Nein, man brachte auch die »Überzähligen« irgendwie unter.

Schon zwei Jahre nach der Einweihung der Handwerkerschule, am 13. Juni 2000, gab es bereits ein weiteres großes Fest zu feiern: die Eröffnung eines Krankenhauses. Diesmal war es der Gesundheitsminister, Dr. Aaron Chiduo, der aus Dar es Salaam angereist kam.

Häuser zu bauen, sie mit Betten zu bestücken, ja sogar medizinisches Gerät und Medikamente zu beschaffen, war keine kleine Aufgabe, aber auch nicht unmöglich. Aber wo sollten Krankenschwestern, Pfleger, Ärzte und ein Apotheker herkommen? In Afrika tätige Missionsgesellschaften, die vor dieser Frage standen, gingen auch zu Beginn des neuen Jahrtausends den Weg, den sie immer gegangen waren: Sie schalteten in den einschlägigen Zeitschriften der Heimatländer Anzeigen und warben um neue Mitarbeiter – weiße Mitarbeiter, versteht sich. Genau diesen Weg wollte KIUMMA nicht gehen. In Matemanga sollten Tansanier für Tansanier tätig werden. Aber wie konnten sie das schaffen? Schon im weit attraktiveren Norden des Landes fehlte es an gut ausgebildeten Fachkräften – wie sollte man die Wenigen und Begehrten vom Norden in den Süden locken? (Und konnte man das überhaupt verantworten?)

Die Lösung lag auf der Hand, würde aber die Gründung eines neuen Arbeitszweiges bedeuten: Eine eigene Krankenpflegeschule müsste Südtansanier für das Krankenhaus ausbilden. Dafür bräuchte man aber wieder Lehrkräfte, die es vermutlich nur im Norden gab ... Immer wieder stand KIUMMA vor demselben Problem: Vieles, sehr Wichtiges ließ sich mit Containern aus Europa herbeischaffen und durch Spenden finanzieren. Aber Menschen? Die musste man vor Ort finden und ausbilden, am besten von Anfang an. Also entschloss man sich, erst einmal eine Sekundarschule aufzubauen, die Krankenpflegeschule musste warten.

Und so ging es weiter. Jede Aufgabe, der Matomora und seine Mitarbeiter sich stellten, zog eine andere nach sich. Dass Schlafsäle für Jungen und Mädchen nötig werden würden, hatte er ja schon geahnt, als sie noch zwischen dem meterhohen Elefantengras standen. Jetzt, vier Jahre später, stand schon der zweite Besuch von Staatspräsident Benjamin Mkapa an: Diesmal würde er in einem feierlichen Akt den Grundstein zum Land- und Viehwirtschaftsprojekt legen dürfen. Die vielen Menschen in und um Matemanga wollten schließlich ernährt sein. So, wie hier seit Generationen Landbau praktiziert worden war, konnte man kaum die wachsende Bevölkerung ernähren, geschweige denn einen Teil der Ernte verkaufen, um an Geld zu kommen.

Bei diesem Besuch von Präsident Mkapa wurde auch gleich das Krankenhaus ein zweites Mal gefeiert. Zwei Jahre nach der Eröffnung war es inzwischen komplett eingerichtet und konnte in einem feierlichen symbolischen Akt dem Staatspräsidenten übergeben werden. Es hieß nun KIUMA-Krankenhaus, so wie das ganze Projekt inzwischen KIUMA hieß. Auf das zweite M verzichtete man aus Gründen der Einfachheit. Kisuaheli kennt keine Doppelbuchstaben – und wer wusste überhaupt, dass die Abkürzung inzwischen für *Kanisa la Upendo wa Kristo Masihi* stand, also »Kirche der Liebe Christi, des Messias«? KIUMA war eine »Marke« geworden.

KAPITEL 15

KIUMA

Viele kleine Häuser, Landwirtschaft, zwei Schulen, ein Krankenhaus, Handwerksbetriebe – KIUMA war zu einem Dorf geworden. Nur eins fehlte diesem Dorf, das doch bewusst als christliches Dorf gegründet worden war: eine Kirche. Aber sollte man tatsächlich eine Kirche bauen – mitten in einem fast ausnahmslos muslimisch geprägten Gebiet? Oder würde das als Provokation verstanden werden?

Viele waren skeptisch: »Wir sind doch Kirche, auch wenn wir keine Kirche haben, jedenfalls nicht dieses Gebäude mit Turm.« – »Genau. Kirche, das ist die weltweite Gemeinschaft aller Menschen, die im Glauben an Jesus Christus verbunden sind. Ob sie sich in einer Kirche treffen oder auf einer Wiese, das ist doch egal.« – »Wir sind hier so wenige Christen in Matemanga. Es wäre sowieso Zeit- und Geldverschwendung, eine Kirche zu bauen.« – »Und es gibt wirklich Gebäude, die wir dringender gebrauchen könnten. Die Schüler zum Beispiel essen bei jedem Wetter draußen, auch in der Regenzeit.« – »Eine Kirche zu bauen, halte ich für viel zu heikel. Wir können froh sein, dass uns bis hierhin Konflikte mit den muslimischen Führern erspart geblieben sind.«

Matomora hörte gut zu. Aber als er das nächste Mal in Essen war, zeichnete er eine Skizze. Es machte ihm Spaß, in die Rolle des Architekten zu schlüpfen, zu planen, zu scribbeln ...

»Wenn wir eine Kirche mit gut 500 Sitzplätzen bauen würden, könnten wir sie auch gleich als Schulaula nutzen.« Matomora holte einen großen Bogen Papier hervor und zeigte ihn Fred, als beide wieder in Tansania waren. In KIUMA gab es noch kein Telefon, und wenn Fred oder andere deutsche Unterstützer wissen wollten, wie es in Matemanga weiterging, mussten sie schon selbst vorbeischauen. »Wenn die Kirche so groß wäre, wie ich das hier mal skizziert habe, könnten alle Schüler den Tag mit einer kleinen Andacht und ein paar Liedern gemeinsam beginnen und sich danach auf die Klassenräume verteilen.«

»Und sonntags beim Gottesdienst säße dann dort das mickrige Häufchen der Gläubigen? Ich weiß nicht ... Üblicherweise baut man eine Kirche, um dort Gottesdienste zu feiern. Die Größe der Gemeinde und die Größe des Gotteshauses sollten schon zusammenpassen, finde ich.«

Matomora grinste. »Du hast natürlich und wie meistens recht. Aber vielleicht passen sie ja irgendwann zusammen?«

»Vielleicht. Aber die Schüler sollen spüren, dass sie wirklich die Freiheit haben, zum Gottesdienst zu gehen oder es bleiben zu lassen.«

»Genau darum geht es mir: um die Freiheit. Freiheit ist der Schlüssel zu Entwicklung. Das habe ich in Europa verstanden, aber ich glaube, gerade in Europa hat man es inzwischen wieder vergessen. Ich weiß noch genau, wie mir im Studium aufging, dass die Länder, die von der christlichen Botschaft berührt wurden, weitergekommen sind. Die Freiheit, selbst zu

*Hier fehlt es nie an Frischluft: Die Grundschule in Ndenyende,
2001*

denken, zu forschen, Dinge zu verändern ..., das alles kennen
meine Leute hier nicht.«

»Und du meinst, wenn wir eine Kirche bauen, wird das als
ein Ausdruck von Freiheit betrachtet?« Freds Blick blieb skeptisch.

»Wir müssen jedenfalls alles dafür tun. Der Unterricht in
den meisten afrikanischen Schulen ist ein einziges Frage-und-
Antwort-Spiel. Von den höheren Klassen mal abgesehen, aber
wer schafft es schon bis dorthin? Normalerweise gilt: Wer
Auswendiggelerntes aufsagt, kriegt eine gute Note. Das Christentum macht Mut, Freiheit zu nutzen – vielleicht spüren das
unsere Schüler ja eines Tages?«

»Ich hoffe sehr, dass du recht hast.«

Niemand kann die Kinder zählen, die hier auf eine Ausbildung warten. Matomora, Heinz-Horst Deichmann und Fred Heimbach in Matemenga

Im Juli 2002, zehn Monate nach den Anschlägen vom 11. September, wurde der Grundstein für die Kirche in KIUMA gelegt. Die Frage, ob es weiterhin ein friedliches Zusammenleben von Christen und Muslimen geben kann und wie dies aussehen müsste, war von einem auf den anderen Tag zu einem Thema geworden, das nicht länger nur Fachleute interessierte, sondern weltweit von einer breiten Öffentlichkeit diskutiert wurde. Beim Festakt in KIUMA standen angereiste weiße Christen aus Deutschland neben den einheimischen schwarzen Muslimen und ihren religiösen Führern, auch sie festlich gewandet. Und was sagten die Einheimischen? »Jetzt wissen wir, dass ihr hier bei uns bleiben werdet! Solange ihr keine Kirche hattet, haben wir uns immer gefragt, ob ihr nicht doch wieder geht. Ihr meint es ernst. Das freut uns sehr!«

Ein Jahr später, im Sommer 2003, konnte die Kirche eingeweiht werden. Die Leute in Matemanga begannen sich daran
zu gewöhnen, dass es in KIUMA ständig etwas zu feiern gab,
und jedes dieser Feste wurde auch zu einem Höhepunkt im
Dorfleben – mit gutem Essen, mit Musik und nicht zuletzt mit
stundenlangen Reden. Denn was wäre ein afrikanisches Fest
ohne seine für Ausländer anstrengende, aber für Einheimische unverzichtbare Begrüßungs- und Dankeskultur? Nicht
nur Dr. Deichmann ließ sich regelmäßig sehen, wenn es einen
Grundstein zu legen oder ein vollendetes Bauprojekt einzu-
weihen gab (und das gab es jedes Jahr), es reiste immer auch
lokale wie nationale Prominenz an: Der Minister für Wasser-
und Viehwirtschaft weihte das Landwirtschaftsprojekt ein, und
die Bildungsministerin sowie der deutsche Botschafter waren
zugegen, als die »KIUMA-Sekundarschule BONITA« ihre
Tore öffnete. BONITA wurde sie tatsächlich nach der deutschen Modemarke genannt, denn deren Chef wollte gern in
Schulausbildung für afrikanische Kinder investieren und hatte
den Aufbau der Schule kräftig unterstützt. Die KIUMA-Idee
hatte angefangen, erstaunlich weite Kreise zu ziehen.

Dass auch Johannes Rau, der deutsche Bundespräsident, mit
KIUMA bekannt gemacht wurde, konnte man in Matemanga
leider nicht feiern. Die Vorstellung durch Heinz-Horst Deichmann, Matomora und Fred fand in Berlin statt.

Alles eitel Sonnenschein (falls man dieses Bild für ein Land
benutzen darf, in dem man immer auf genügend Regen hofft)?
Nichts als Aufbau und Fortschritt?

Eine ganze Reihe von Jahren schien es so. Was Matomora
anfasste, gelang, was er erträumte, wurde bald schon Reali-
tät. Die Schülerzahlen wuchsen von Jahr zu Jahr, schließlich
gingen sie auf die Tausend zu. Als nächstes wollte man die

Einrichtung der Krankenpflegeschule in Angriff nehmen. Fred hatte sich schon vor einigen Jahren frühzeitig in den Ruhestand versetzen lassen; in KIUMA gab es einfach viel zu viel zu tun, um noch regelmäßig in einem Monheimer Büro zu sitzen oder Fachkongresse über Umweltfragen überall in der Welt zu besuchen.

Eine einzige Erfolgsgeschichte – bis zum 8. April 2006. Vier Tage zuvor hatten die Schulferien begonnen, und alle Schülerinnen und Schüler hatten natürlich auf dem schnellsten Weg nach Hause kommen wollen, für die meisten eine stunden- oder tagelange Reise übers Land. Wie immer stellten sich die Schüler an den Straßenrand und trampten. Doch auf der »Hauptstraße des Südens«, der unasphaltierten Piste, die auch durch Matemanga führt, ließen sich vier Tage lang keine Busse oder Lastwagen sehen. Dann endlich, am Samstag, hielt ein LKW, der große Maissäcke geladen hatte. Gut sechzig junge Leute kletterten auf den Wagen und machten es sich auf den Maissäcken einigermaßen bequem, während der Wagen losfuhr. Ein paar Dorfbewohnern, die die Szene beobachtet hatten, war nicht wohl zumute. Dieser LKW schien technisch selbst den hier üblichen schlechten Zustand der Fahrzeuge noch zu unterbieten. Und hatte der Fahrer nicht einen seltsamen Eindruck gemacht, als er aus dem Fahrerhaus schaute? Ein paar junge Männer schwangen sich auf ihre Fahrräder und fuhren dem LKW hinterher. Der kam nur zehn Kilometer weit. Hinter Matemanga ging es einen steilen Berg hinunter. In einer engen Kurve begann der Wagen zu schlingern, hinter einer weiteren Kurve stürzte er kopfüber in einen tiefen Graben. Fünf Schüler waren auf der Stelle tot, dreißig waren verletzt, einige davon schwer. In einer großen Rettungsaktion sorgten die Jugendlichen dafür, dass es nicht noch mehr Todesfälle gab und die Verletzten zurück nach Matemanga gebracht wurden, wo man im KIUMA-Krankenhaus sofort alle verfügbaren Helfer zusammenrief. Während die einen mit den ersten Operationen begannen, organisierten andere den Weitertransport einiger Schwerverletzter in andere Krankenhäuser; manche wurden bis nach Dar es Salaam gebracht. Nicht auszudenken, was geschehen wäre, wenn die Jugendlichen nicht mit ihren Fahrrädern dem LKW gefolgt wären!

»Der Fahrer war nicht nüchtern.« – »Er war schon vier Tage ohne Pause unterwegs.« – »Der stand doch unter Drogen.« Es dauerte nur Stunden, und die ersten Erklärungsversuche machten die Runde. Einer hieß: »KIUMA ist verhext. Es war nicht richtig, die Christen hier eine Schule bauen zu lassen. Wir hätten unsere Kinder nie diesen Leuten anvertrauen dürfen.«

War das womöglich das Ende? Matomora war in Deutschland unterwegs und gerade in Essen, als ihn die Nachricht vom Unglück erreichte. Noch in der Nacht weckte er Fred. Es dauerte einige Tage, bis er zurück in KIUMA sein konnte, aber dann nahm er ein Auto und fuhr über die Dörfer. Er besuchte jede Familie, die ein Kind verloren hatte, um ihr persönlich sein Beileid auszusprechen. Danach suchte er das Gespräch mit allen, die mit betroffen waren. In den Wochen, die folgten, kam er mit ganzen Dörfern ins Gespräch: Was will KIUMA? Welche Leute stecken dahinter? Kann so ein Unglück passieren, ohne dass Hexerei im Spiel ist? Haben die Christen denn eine bessere Erklärung? Glauben sie etwa nicht, dass eine Familie, die von einem solchen Schicksalsschlag getroffen wird, verflucht ist?

Sieben Jahre lang hatte sich Matomora ganz der Entwicklung von KIUMA gewidmet und den größten Teil seiner Zeit auf dem *Compound* verbracht. Schüler aus dem gesamten Tunduru-Distrikt waren gekommen und wurden nun durch das

Leben in KIUMA geprägt. Viele Menschen hatten hier Arbeit gefunden. Das Krankenhaus war in der Bevölkerung gut angenommen worden, der Zustrom der Patienten wuchs. Was aber erzählte man sich in den umliegenden Dörfern von KIUMA? Ging es den Menschen dort besser als vor sieben Jahren? Hatte sich ihr Leben vereinfacht? Trauten sie sich, ins Krankenhaus zu kommen? Hatten sie weniger Angst vor Flüchen und Hexerei als früher?

Matomora verbrachte viel Zeit in den Hütten und auf den Dorfplätzen. Mehr als eine kleine Entschädigung aus einem deutschen Spendentopf und das Versprechen, die Schule werde in Zukunft selbst für den Transport der Schüler sorgen, hatte er nicht anzubieten. Aber er begann in diesen Wochen, von sich selbst zu erzählen: von seinem Leben als Dorfjunge, von seinen Jahren in Europa, von dem, was sein Leben als Christ ausmachte und was ihn motiviert hatte, in seine alte Heimat zurückzukehren. Gespannt und nachdenklich lauschten seine Zuhörer.

Wie in Afrika üblich, reiste Matomora selten allein, und auch seine Gesprächspartner waren kaum je einzelne Personen, sondern alle, die gerade in einer Hütte oder auf einem Platz waren. »Kommt wieder!« – »Wir sind sehr froh, dass ihr zu uns gekommen seid!« – »Gott segne euch!«, hieß es beim Abschied von Jungen und Alten und natürlich auch von den zahllosen Kindern, die Matomora und seine Begleiter nach jedem Besuch bis zum Auto eskortierten und zum Spaß dann noch einige Meter neben dem Auto her rannten.

Die Zeit der Dörfer hatte begonnen. Offensichtlich reichte es nicht mehr, dass KIUMA als einsamer Leuchtturm dastand. Es musste zum Zentrum einer ganzen Region werden, wenn sich das Leben im Tunduru-Distrikt verbessern sollte. Die Schüler waren gleich nach dem Unglück in ihren Dörfern beerdigt worden, aber Matomora sorgte dafür, dass in jedem Dorf feierlich jedes einzelnen Kindes gedacht wurde. Zuerst konnte er es kaum glauben, aber es war nach diesen Feiern tatsächlich der Wunsch der Dorfbewohner, mehr vom christlichen Glauben zu erfahren. Bei den folgenden Besuchen nahm Matomora eine Bibel mit, bei weiteren Besuchen eine Gruppe von Leuten, die sich in KIUMA zu einem kleinen Chor zusammengefunden hatten. Der Austausch zwischen KIUMA und dem umliegenden Land wurde intensiver. Besonders der Chor wurde zu *dem* Bindeglied. Die Sänger hatten nämlich begonnen, ihre Lieder nicht mehr auf Englisch oder Kisuaheli zu texten, sondern auf Kiyao, der Sprache der Yao. Die Zuhörer staunten: Es war also möglich, das Evangelium zu hören, ohne dass es irgendwie fremd und wie in der Schule gelernt klang! Ob Matomora dabei war und ob er oder ein anderer predigte, spielte bald keine Rolle mehr. Wenn nur überhaupt jemand kam, am liebsten mit vielen Sängern!

Ein Jahr später konnten die deutschen Unterstützer von KIUMA kaum glauben, was sie in dem Rundbrief lasen, den Fred ihnen seit ein paar Jahren regelmäßig schickte: *»Die Entwicklungen nach dem Unfall haben dazu geführt, dass eine ganze Reihe zumeist junger Leute Christen wurden und sich öffentlich taufen ließen. Daraufhin baten die Bewohner anderer Dörfer KIUMA, auch bei ihnen Evangelisationen abzuhalten, um mehr über den christlichen Glauben zu erfahren. So fanden in 25 Dörfern in den vergangenen Monaten solche Veranstaltungen statt. Viele Menschen wurden Christen, mehrere Hundert ließen sich bereits taufen. In über 20 Dörfern bestehen jetzt schon kleine christliche Gemeinden – eine Entwicklung, die wir so weder geplant noch erwartet haben.*

Die Menschen in Matemanga haben Vertrauen gefasst und
sind bereit, sich neuen Entwicklungen zu öffnen. Sie bewerben
sich in Scharen um einen Ausbildungsplatz in KIUMA, nehmen
die ihnen angebotene Hilfe zur Selbsthilfe dankbar an und laden
KIUMA zur Verkündigung des christlichen Glaubens zu sich
ein.«

Der Unfall war ein schreckliches Unglück gewesen. Aber er
hatte kein Unheil gebracht. Im Gegenteil, er hatte einen großen
Aufbruch bewirkt, und der erfasste nach und nach eine ganze
Region. In einigen Dörfern wurden mit Geld und Know-how
aus KIUMA Brunnen gebaut, die den Frauen und Kindern das
mühsame Wassertragen ersparten, das bis dahin einen großen
Teil ihrer Zeit und Kraft in Anspruch genommen hatte. Die
ersten ausgebildeten Handwerker zogen in ihre Dörfer zurück
und eröffneten eine Schneiderei oder eine kleine Tischle-
rei. Zum ersten Mal wurde offen über Aids gesprochen, und
die ersten Aidspatienten konnten endlich mit dem versorgt
werden, was sie brauchten. Die Patienten, die im Krankenhaus gute Erfahrungen gemacht hatten, waren wiederum eher
bereit, ihre Kinder nach KIUMA zur Schule zu schicken. Um
diese Kinder von guten Lehrern unterrichten zu lassen, musste
man aber die Gründung einer eigenen Lehrerausbildungsstätte
ins Auge fassen, denn Lehrer aus anderen Teilen Tansanias
zu gewinnen, war immer noch äußerst schwierig. In KIUMA
sahen die Mädchen von den Dörfern zum ersten Mal, dass
auch Frauen Berufe lernen können. Dort lernten sie Krankenschwestern kennen, zum Beispiel Wema, Matomoras Nichte.
Sie hörten, dass Anne, Matomoras Frau, das Geld verwaltete
und sich an einer Fachschule für Management hatte weiterbil-
den lassen. Unglaublich! Es war ein Blick in eine andere Welt,
der alle Mädchen neugierig machte – und viele mutig.

Der Aufbruch ging weiter, eine Entwicklung zog die andere nach sich. Manchmal gab es große Schritte zu feiern wie die Prüfung der ersten Abiturienten. Manchmal gab es kleine Siege zu registrieren, über die Matomora sich still freute. Als eines Tages eine neue Wasserstelle eingeweiht werden sollte, war ein ganzes Dorf schon versammelt. Alle warteten auf das erste Wasser, das in diesem feierlichen Moment fließen sollte. Doch es kam kein einziger Tropfen; die elektrische Wasserpumpe hatte bei der Eröffnung wegen der starken Schwankungen des Generators ihren Dienst quittiert.

»Hexerei! Jemand gönnt uns das Wasser nicht!«, riefen einige. Lange musste Matomora mit ihnen sprechen. Es konnte nicht darum gehen, jedem die technischen Details einer Pumpanlage zu erläutern. Es ging um Vertrauen. Als die Dorfbewohner endlich über die Panne lachen konnten, war die Sache entschieden. So leicht würde ihnen nichts mehr Angst machen. Für Matomora war es die beste Brunneneinweihung, von den vielen, die er schon erlebt hatte.

Und die *Chiefs*, die politischen, geistigen und religiösen Führer des Tunduru-Distrikts? Lange hatten sie die Lage aus einiger Distanz beobachtet, dann hatten sie sich zu Feierlichkeiten nach KIUMA einladen lassen. Schließlich wirkten sie an diesen mit, indem sie hohe Gäste begrüßten, Reden hielten und in Reden bedacht wurden. Kaum einer von ihnen kam zu christlichen Gottesdiensten, aber natürlich waren sie immer bestens informiert – und ihr Wohlwollen wuchs, bis dahin, dass der Chor den Einzug des Sultans in sein neues Haus musikalisch begleiten musste. Als KIUMA sein 15-jähriges Bestehen feierte, lud Matomora 600 Männer und Frauen zu einer Konferenz ein. Und sie kamen tatsächlich, und zwar aus allen fünf Distrikten im mittleren Südtansania: aus Tunduru, Namtumbo, Nachingwea, Liwale und Nanyumbu. Alles, was Rang und Namen hatte, versammelte sich; schon vom Äußeren her war es eine beeindruckende Versammlung. Und was sie nach vielen Stunden Beratung beschloss, war ebenfalls sehr beeindruckend:

Wir, die Konferenzteilnehmer, wollten uns gegenseitig motivieren und ermutigen, die Armut zu bekämpfen, unter der die Menschen in diesen fünf Distrikten leiden,

- *in Anerkennung und Würdigung des von KIUMA gesetzten Anstoßes für eine solche Entwicklung in diesen fünf unterentwickelten Distrikten,*

- *in Dankbarkeit für die großzügige Unterstützung durch Herrn Professor Deichmann, die es unserem Landsmann Dr. Matomora ermöglicht hat, KIUMA in diesem Teil von Tansania zu gründen,*

- *in Würdigung der Unterstützung und Begleitung von KIUMA durch die tansanische Regierung,*

- *im Bewusstsein dessen, dass KIUMA bei den Menschen des zentralen Südtansanias akzeptiert ist, wie es von unseren traditionellen Führern ausdrücklich bestätigt wurde, und*

- *in Kenntnis der Ursachen für den Entwicklungsrückstand dieser Region, der seine Gründe in der Geschichte, Geografie, Kultur und Tradition hat.*

Und dann erklärten sie feierlich und schriftlich, auf welche Weise sie KIUMA weiterhin unterstützen wollten. Matomora war in der langen Verpflichtungserklärung ein eigener Abschnitt gewidmet:

Wir gratulieren Herrn Dr. Matomora zu seiner selbstlosen Hingabe und Liebe für die Menschen dieser Gegend, in der auch sein

Geburtsort liegt. Er hat seine Verbundenheit dadurch bewiesen,
dass er KIUMA in den vergangenen 15 Jahren zuverlässig, effek-
tiv und unermüdlich geleitet und weiterentwickelt hat.

Wir wünschen Dr. Matomora alles Gute und Gottes Segen, in
der Hoffnung, dass er uns noch viele Jahre helfen kann.

Wir gratulieren den Mitarbeitern von KIUMA, insbesondere
Frau Matomora, die sich um die finanziellen Angelegenheiten
von KIUMA kümmert, dem stellvertretenden Direktor, den
Schulleitern, dem leitenden Krankenhausarzt, dem Leiter der
Krankenpflegeschule, der Hausmutter und dem Pastor für ihren
Eifer und die Unterstützung von Dr. Matomora.

Und die kulturellen Differenzen, die unterschiedliche Religion? Spielte die keine Rolle mehr?

Eine Frau, die an der Konferenz teilgenommen hatte, verlas
die Resolution während der Jubiläumsfeier:

So sehr es uns auch bewusst ist, dass eine soziale und wirtschaft-
liche Entwicklung nur von den Menschen selbst kommen kann,
so glauben wir doch, dass unsere Bevölkerung ein großes Maß
an Verständnis für die Ursachen braucht, die ihre soziale und
wirtschaftliche Entwicklung behindern. Die Menschen müssen
begreifen, dass sie selbst mitarbeiten müssen, wenn sie die sozi-
ale und wirtschaftliche Entwicklung voranbringen wollen. Wir
rufen daher die Menschen in diesem abgeschiedenen Gebiet
Tansanias auf,

- *einzusehen, dass KIUMA zwar auf der Basis des christli-*
  chen Glaubens arbeitet, dass diese Dienste aber nicht als
  Lockmittel dazu dienen, Menschen zum Christentum zu
  bekehren;

- *anzuerkennen, dass jeder Mensch die Freiheit hat, seine Religion frei zu wählen und dass jene, die zum christlichen Glauben übergetreten sind, es aus ihrem freien Entschluss heraus getan haben. Die Dienste von KIUMA stehen allen Menschen ungeachtet ihres religiösen Glaubens zur Verfügung und deshalb sollten diese Menschen nicht verfolgt werden;*

- *ihren Irrglauben abzulegen, aufgrund dessen unsere Vorfahren verhindert haben, dass Missionare ihre Arbeit in unserem Gebiet aufnehmen konnten. Dadurch konnten unsere Vorfahren nicht von den Bildungsangeboten und der medizinischen Hilfe profitieren, die mit der Missionsarbeit einhergehen;*

- *die Bedeutung und Tragweite davon anzuerkennen, dass Kinder zur Schule geschickt und zum regelmäßigen Lernen angehalten werden müssen, so dass sie gute Noten erzielen können;*

- *ihre religiösen, stammesspezifischen und ideologischen Unterschiede zu überwinden, um für eine soziale und wirtschaftliche Entwicklung zusammenzuarbeiten und die Vorteile aus der angebotenen Hilfe und Unterstützung zum Nutzen aller zu ziehen;*

- *die Würde und die Rechte von Frauen anzuerkennen, als Mitmenschen, die von Gott gleich geachtet sind;*

- *die traditionellen Gewohnheiten abzulegen, nach denen Frauen die Möglichkeit verwehrt wird, an einer sozialen und wirtschaftlichen Entwicklung teilzunehmen, und die gleichmäßige Verteilung der Mittel in einer Familie sicherzustellen, damit Mädchen die gleichen Chancen für eine Ausbildung bekommen wie Jungen, anstatt bereits in jungem Alter verheiratet zu werden.*

Wir appellieren an unsere Landsleute, die in diesem Gebiet geboren wurden und die sich entschlossen haben, nach ihrer Schulausbildung oder nachdem sie reich geworden sind, an einem anderen Ort zu arbeiten und zu leben, doch möglichst in ihre Heimat zu ziehen und sich dort einzubringen. Sie wären damit ein Vorbild für unsere Kinder und würden sie motivieren, in der Schule ausdauernd zu lernen.

Matomora lehnte sich auf seinem Stuhl zurück und lächelte. Sollte er sich auf der Stelle pensionieren lassen? Sein Lebenswerk war offensichtlich abgeschlossen. Und das richtige Alter für einen würdigen und ehrenvollen Rückzug hatte er auch. Aber er stand lieber auf und schaute auf der Baustelle für das *Teachers Training College* nach dem Rechten. Nicht dass wieder jemand über die Treppenstufen lief, ehe der Zement trocken war.

wortundtat

Hilfe für die Ärmsten der Armen

Heinz-Horst Deichmann, Schuheinzelhändler aus Essen, Doktor der Medizin und studierter Theologe, ist Initiator des christlichen Hilfswerks *wortundtat*. Nach einem Besuch in Indien im Jahr 1977 begann er in Kooperation mit der Organisation AMG India (Advancing the Ministries of the Gospel) das Werk aufzubauen. Die Zusammenarbeit stellt sicher, dass Einheimische die Bedürftigen unterstützen. Dahinter steht die Überzeugung, dass Menschen, die demselben Kulturkreis entstammen, den Betroffenen besser helfen können als Europäer, die eine andere Vorstellung vom Leben und den Problemen der Kranken und Hilfsbedürftigen haben.

Seit mehr als 35 Jahren geht *wortundtat* zu den Menschen in den ärmsten Regionen der Welt. Kurz nach Beginn der Arbeit in Indien übernahm die Hilfsorganisation auch Mitverantwortung für eine diakonische Einrichtung in Griechenland. Sie kümmert sich heute schwerpunktmäßig um Flüchtlinge, die hier gestrandet sind. In Tansania hilft *wortundtat* seit 1996. Ein *wortundtat*-Projekt in der Republik Moldau startete im Jahr 2006, und seit 2009 hilft *wortundtat* an einem sozialen Brennpunkt in Dortmund (Deutschland).

Neben der Hilfe zum (Über-)Leben hat *wortundtat* ein weiteres Anliegen im Blick: Die Menschen sollen von der christlichen Überzeugung hören, die die Helfer antreibt. Und sie sollen die Möglichkeit bekommen, die Bibel kennenzulernen.

wortundtat erreicht mit seinen Angeboten mittlerweile weit über 130 000 Menschen – Tendenz steigend. Was durch das finanzielle Engagement einer Einzelperson begann, ist zu einem Hilfswerk geworden, das von vielen Spendern getragen wird.

Auch das vorliegende Buch entstand auf Initiative und mit der Unterstützung von *wortundtat*.

Ein vierteljährlich erscheinendes Magazin informiert über die aktuelle Arbeit in den Projekten. Um die kostenlose Zeitschrift anzufordern, senden Sie Ihren Namen und Ihre Anschrift mit dem Stichwort »Abo *wortundtat*-Magazin« an info@wortund-tat.de.

Aktuelle Informationen finden Sie ebenso auf:

www.wortundtat.de
oder
www.facebook.de/wortundtat

Zur Autorin

Hanna Schott, 1959 in Augsburg geboren, machte eine Ausbildung zur Buchhändlerin und studierte dann Musikwissenschaft, Romanistik und Theologie in Marburg, Freiburg und Heidelberg. Nach Jahren als Verlagslektorin arbeitet sie heute als freie Journalistin und Autorin. Ihre Afrikabücher „Mama Massai", „Steppenkinder" (beide Brunnen-Verlag) und „Tuso" (Klett Kinderbuch Verlag) sind erfolgreiche Longseller. Im Neufeld Verlag erschien ihre Doppelbiografie zweier wichtiger Figuren des französischen Widerstands gegen die Naziherrschaft: „Von Liebe und Widerstand. Das Leben von Magda und André Trocmé".

Hanna Schott lebt in Haan/Rheinland.

www.hanna-schott.de